Johannes Wilhelm Eßer

Der stille Datensammler

**Googles Entwicklung von der revolutionären Suchmaschine zum
medienübergreifenden Informations- und Werbegiganten**

GRIN Verlag

Bibliografische Information der Deutschen Nationalbibliothek:

Die Deutsche Bibliothek verzeichnet diese Publikation in der Deutschen National-
bibliografie; detaillierte bibliografische Daten sind im Internet über http://dnb.d-
nb.de/ abrufbar.

Impressum:

Copyright © 2011 GRIN Verlag GmbH
Druck und Bindung: Books on Demand GmbH, Norderstedt Germany
ISBN: 978-3-640-98154-0

Dieses Buch bei GRIN:

http://www.grin.com/de/e-book/176704/der-stille-datensammler

FOM Hochschule für Oekonomie & Management Essen

Berufsbegleitender Studiengang:

Wirtschaftsinformatik

Der stille Datensammler –
Googles Entwicklung von der revolutionären
Suchmaschine zum medienübergreifenden
Informations- und Werbegiganten

Diplomarbeit

zur Erlangung des Grades eines

Diplom-Wirtschaftsinformatikers (FH)

eingereicht von

Johannes Wilhelm Eßer

Betreuer: Dipl.-Inform. (FH) Roman Bendisch

Abgabe: 26.04.2011

Inhaltsverzeichnis

Abbildungsverzeichnis

Abkürzungsverzeichnis

CEO	Chief Executive Officer
DNA	Deoxyribonucleic acid
E-Book	Electronic Book
E-Commerce	Electronic Commerce
HTML	Hypertext Markup Language
IP-Adresse	Internetprotokoll-Adresse
IPO	Initial Public Offering
IPTV	Internet Protocol Television
IT	Informationstechnik
NBC	National Broadcasting Company
PC	Personal Computer
PR	Public Relations
RIM	Research in Motion
SIM	Subscriber Identity Module
WLAN	Wireless Lokal Area Network

1 Einleitung

Google hat die dritte Revolution der Informationstechnologie eingeleitet. Nachdem IBM mithilfe von Großrechnern die moderne Datenverarbeitung für Unternehmen nutzbar gemacht und Microsoft mit dem Personal Computer Rechenleistung auch privaten Haushalten ermöglicht hat, hat Google die Art und Weise der Informationsbeschaffung mittels des Internets revolutioniert. Dank einer wegweisenden Suchtechnologie konnte Google als erster Anbieter verlässlich Suchergebnisse nach ihrer Relevanz für den Nutzer sortieren und stellte ihm das notwendige Werkzeug zur Verfügung, um die großen Informationsportale zu verlassen und das World Wide Web nach eigenem Belieben zu durchstreifen.

Seine Dominanz als Informationsvermittler und Zugangstor zum Internet erlaubt es dem Unternehmen, Konsumenten genau dann Werbung zu präsentieren, wenn diese hierfür am empfänglichsten sind. Googles kontextbasiertes Werbesystem bedient nicht nur täglich Hunderte an Millionen Zugriffen des Suchdienstes, sondern auch die Anzeigenflächen tausender Partnerseiten des AdSense-Netzwerkes. Dabei baut Google die Reichweite seiner Marketinglösungen anhand neuer Partnerschaften sukzessive aus und erhöht durch stetige Sammlung von Nutzerdaten deren Präzision. Das Ergebnis sind regelmäßige Rekordgewinne, in 2010 zuletzt 8,5 Milliarden US-Dollar nach Steuern.[1]

Diese Summen werden seit Jahren zur Wegbereitung Googles in neue Absatzmärkte und in den Ausbau des zu verwaltenden Informationsbestandes investiert. Selbstbewusst durch eine bisher unerreichte Erfolgsgeschichte treibt Google mit einer außerordentlich großen Innovationsbereitschaft die eigene Branche vor sich her und attackiert Geschäftsmodelle, die in der Technisierung zurückliegen. Mit dem Android Betriebssystem versucht man sich in der mobilen Kommunikation zu etablieren, während Microsoft durch den Vertrieb der kostenlosen Google Docs Office-Produkte mittels des Cloud Computing Verfahrens unter Druck gesetzt wird. Die klassischen Medien sollen digitalisiert und so für Googles Werbetechnologien zugänglich gemacht werden, derweil man als Vorreiter im Bereich der DNA-Forschung und in der personalisierten Medizin mitwirkt.

---

[1] Vgl. Google Inc. (2011a), http://investor.google.com/financial/tables.html, Abruf am 1.02.2011.

Das Unternehmen aus Mountain View, Kalifornien, ist bekannt für seine unorthodoxe Personalführung, sein hippes Image als Herausforderer des Branchenprimus Microsoft und sein in der Unternehmenskultur verankertes Bekenntnis, die Welt durch mehr Informationstransparenz verbessern zu wollen. Doch die Fassade des Vorzeigeunternehmens hat erste Risse. Mit dem Aufstieg Facebooks hat man den Markttrend der sozialen Netzwerke verschlafen und bemüht sich vergeblich den Besucherrückgang durch den Traffic Giganten zu kompensieren. Der Vorsprung im Suchmaschinenmarkt muss durch regelmäßige Investitionen gegen Microsofts Angebot Bing verteidigt werden und Bemühungen im Bereich des Cloud Computings gegenüber Geschäftskunden scheitern bisher an deren mangelndem Vertrauen gegenüber Googles Datenschutzzusagen.

Mittels des User-Trackings und umfangreicher Speicherung von Anwenderprofilen legt man zudem bedenklich genaue Dossiers von Internetnutzern an und ist über einzelne Personen bei Bedarf besser informiert als staatliche Stellen. Ein mangelndes Verständnis für die Sorgen der Öffentlichkeit und immer neue Image-Fauxpas wie die Kollaboration mit der Zensur in China, dem Scanning von Nutzertexten bei Google Mail oder die Gefährdung der Privatsphäre anhand von Street View heizen die Diskussion um Googles Datenmacht und Missbrauchspotenzial kontinuierlich an. Zudem besteht die allgegenwärtige Gefahr, dass Außenstehende sich Zugriff zu den Daten über Hacker oder durch Erpressung von Mitarbeitern verschaffen.

Diese wissenschaftliche Arbeit soll dem Leser verdeutlichen, wie aus dem ehemaligen Start-Up, trotz Konkurrenz finanzstarker und etablierter Unternehmen wie Microsoft oder Yahoo, in weniger als einem Jahrzehnt ein Weltkonzern werden konnte, der weite Teile des Internets kontrolliert. Es wird erläutert, auf welchen Produkten und Kernkompetenzen Googles aktueller Erfolg fußt und wie seine zukünftige medienübergreifende Rolle als Informationsdienstleister und Werbeanbieter manifestiert werden soll. Ferner wird dem Leser ein Einblick in die Vorgehensweise von Googles Datenspeicherung und dessen Missbrauchspotenzial gewährt und auch die wichtigsten Problemfelder, Konkurrenten und Widersacher von Googles Zukunftsplänen werden offengelegt. Eine Bewertung von Googles Zukunftschancen erfolgt anhand der Darstellung der Wettbewerbssituation, insbesondere mittels genauer Betrachtung der bedeutendsten Konkurrenten. Auch Bedrohungspotenziale für das eigene Unternehmensimage werden aufgezeigt.

2 Chronik und wirtschaftliche Bedeutung Googles

2.1 Gründung und Aufstieg

Google wurde 1998 von den beiden Stanford Doktoranden Lawrence Page und Sergey Brin gegründet, deren Ziel die Bildung einer auf dem PageRank Konzept basierenden Internetsuchmaschine war. Das Verfahren war aus einem universitären Forschungsprojekt von Page hervorgegangen und erlaubt die Bewertung von Internetseiten auf der Grundlage ihrer Hyperlinkstrukturen. Ähnlich der wissenschaftlichen Zitation nehmen Internetseiten demnach an Relevanz zu, umso mehr Quellen in Form von Hyperlinks auf sie verweisen. Die Kombination mit dem gängigen Verfahren der Stichwortsuche in Dokumenten resultierte in Suchergebnissen, die denen der Konkurrenzsysteme überlegen waren.[2]

Führende Internetunternehmen dieser Zeit maßen den Suchdiensten keine große Bedeutung bei, da die vorherrschende Internetkultur aus Informationsportalen bestand, die für den Nutzer relevante Inhalte kombiniert bereithalten sollten. Die Refinanzierung erfolgte über Werbung und kostenpflichtige Dienste wie E-Mail-Konten. Folglich hatten die Portalbetreiber kein Interesse für Verbesserungen ihrer Suchdienste und die damit verbundene Weiterleitung der Besucher auf fremde Internetseiten. Yahoo war zu diesem Zeitpunkt der erfolgreichste Dienstleister dieser Art und 1998 Ausgangspunkt für 75 % aller Internetbesuche.[3] Originären Suchmaschinenbetreibern fehlte aufgrund mangelhafter Einnahmequellen das Kapital zur Verbesserung ihrer Suchtechnologie.

Nach dem Beginn der Beta-Phase Googles 1998 mit damals ca. 10 000 Suchanfragen pro Tag hatte man beim offiziellen Start der Suchmaschine im Herbst 1999 bereits 3,5 Millionen und ab 2004 rund 200 Millionen Zugriffe täglich zu verzeichnen. Mit der Einführung des Geschäftsmodells der kontextabhängigen Anzeigenplatzierung bei Suchanfragen im Jahr 2000 war Google zu einem der profitabelsten Unternehmen seiner Branche geworden. Das erwirtschaftete Kapital wurde sukzessive in die Verfeinerung der Technologie investiert, was eine nahezu komplette Verdrängung bekannter Konkurrenten wie AltaVista oder Inktomi zur Folge hatte. Lediglich die Suchangebote von

---

[2] Vgl. Smith, J. (2010), S. 83 ff.
[3] Vgl. Brandt, R. L. (2010), S. 12.

Microsoft und Yahoo konnten über die Jahre einen nennenswerten Marktanteil behaupten.[4]

2.1.1 Grundlegende Philosophie

Neben Googles Suchtechnologie war auch die Philosophie der Gründer für das schnelle Wachstum verantwortlich. Diese beabsichtigten einen freien Fluss von Informationen und Ideen zu ermöglichen ohne Intermediäre oder Barrieren. Das Wissen der Erde sollte gesammelt, organsiert und anschließend jedem frei zugänglich gemacht werden. Der Dienst wurde den Anwendern kostenlos zur Verfügung gestellt, eine Refinanzierung des Unternehmens sollte durch die Vergabe von Lizenzen erfolgen.[5]

Auf die Verwendung von Werbung wurde verzichtet, da Page und Brin diese als störend für den Nutzer betrachteten. Das Design der Suchmaske ist bis heute aufs Notwendigste beschränkt, was dieser zu einem schlichten Design verhalf, das aus der Masse der mit Werbung und Diensten überfüllten Konkurrenzangebote herausstach. Ferner garantierte es einen schnellen Ladevorgang der Seite. Google verschloss sich der gängigen Praxis, Platzierungen in den Suchergebnissen käuflich zu erwerben, was Sergey Brin unter anderem bei einem öffentlichen Hochschulauftritt in Israel 2003 versicherte: „Wir lassen die Ergebnisse nicht durch Geschäftsbeziehungen beeinflussen. Die Resultate der Suchmaschine sind unvoreingenommen."[6]

Das Angebot sollte durch die Relevanz seiner Suchresultate überzeugen und den Anwender schnellstmöglich an sein Ziel führen. Die Nutzerorientierung Googles verhalf dem Unternehmen ein kommerzielles Erscheinungsbild zu vermeiden, was die Akzeptanz in der Internetgemeinde förderte. Ab dem Jahr 2000 konnte das Wachstum des Unternehmens, vornehmlich der IT-Infrastruktur, nicht mehr allein über das Lizenzmodell finanziert werden.[7]

Mit der Einführung des Werbesystems AdWords schlossen die Gründer einen persönlichen Kompromiss, denn mit der Verwendung kontextabhängiger Anzeigen konnte sich Google seine bis heute wichtigste Einnahmequelle schaffen. Gleichzeitig wurde den

---

[4] Vgl. Reischl, G. (2008), S. 19.
[5] Vgl. Reppesgard, L. (2010), S. 27 ff.
[6] Vise, D. A. (2006), S. 30.
[7] Vgl. Brandt, R. L. (2010), S. 68 f.

Nutzern durch mit ihrer Suchanfrage in Zusammenhang stehende Reklame ein Mehrwert geboten. Es war der Beginn einer Neuausrichtung des Unternehmens, in der Google sich in den Folgejahren von einem reinen Suchdienst zu einem professionellen Werbedienstleister wandelte.

2.1.2 Anfangsfinanzierung und Börsengang

Google war 1998 nach seiner ersten Finanzierungsrunde mit einem Startkapital von rund einer Million US-Dollar ausgestattet. Diese Summe wurde zu größten Teilen von Stanford Professor David Cheriton, Silicon-Valley-Gründer Andreas Bechtolsheim und verschiedenen Business Angels gestemmt. Die Qualität von Googles Suchergebnissen ist abhängig von dem Umfang der archivierten Internetquellen, weshalb Page und Brin planten, langfristig das gesamte World Wide Web auf eigenen Servern abzulegen. Die Personalkosten konnten in den ersten vier Jahren nach Gründung durch den Einsatz von Aktienoptionen gesenkt werden. Als wesentlicher Kostenfaktor verblieb der Ausbau der Gerätetechnik, der das Startkapital in wenigen Monaten aufzehrte.[8]

Obwohl weder Page noch Brin über einschlägige betriebswirtschaftliche Erfahrung verfügten, konnte im Frühjahr 1999 in einer zweiten Finanzierungsrunde der Einstieg der beiden Risikokapitalgeber Sequoia Capital und Kleiner Perkins Caufield & Buyers zu je 12,5 Millionen US-Dollar ausgehandelt werden. Diese erwarben gemeinsam eine Minderheitsbeteiligung an Google, wodurch die Mehrheit der Stimmrechte bei Page und Brin verblieben. Dies war ein Novum, da Beteiligungsgesellschaften dieser Größe es gewohnt sind, Investitionen in Start-Ups allein zu tätigen und nicht ihr Mitspracherecht mit anderen Geldgebern zu teilen. Die Google-Führung konnte weiterhin eigenständig agieren, musste allerdings der Verpflichtung eines erfahrenen Managers zustimmen. Ihre Wahl fiel auf den ehemaligen Novell CEO Eric Schmidt.[9]

Der Börsengang am 19.08.2004 war ein Weckruf für die gesamte Branche. Google zeigte mit einem Nettogewinn von 105 Millionen US-Dollar 2003 und einer Steigerung auf 400 Millionen US-Dollar 2004, dass der Suchmaschinenbetrieb nicht nur hohe Wachstumsraten aufwies, sondern auch hochprofitabel geführt werden konnte. Trotz des allgemeinen Vertrauensverlustes in Technologiewerte nach der im März 2000 geplatzten

---

[8] Vgl. Kaumanns, R., Siegenheim, V. (2009), S. 34 ff.
[9] Vgl. Vise, D. A. (2006), S. 76 f.

Dotcom-Blase und einer zurückhaltenden Informationspolitik Googles gegenüber Anlegern hatte der IPO zwei Milliarden US-Dollar eingebracht. Google war Ende 2004 bereits mit einer Marktkapitalisierung von rund 60 Milliarden US-Dollar bewertet und konnte eine Zunahme auf 130 Milliarden US-Dollar Ende 2005 verzeichnen. Es war der Beginn des technologischen Wettrüstens mit dem neuen Erzrivalen Microsoft, der schlagartig das Potenzial internetbasierter Werbung vorgeführt bekam und seinen Marktanteil im Bereich der Suchanfragen auszubauen versuchte.[10]

2.1.3 Wachstum und Marktanteile

2001 nahm Eric Schmidt seine Funktion als neuer CEO von Google auf und war in den folgenden Jahren bemüht einen der wachsenden Unternehmensgröße angemessenen Geschäfts- und Managementplan zu gestalten. Lawrence Page und Sergey Brin hatten die Belegschaft zuvor gezielt mit flachen Hierarchien, flexibler Arbeitszeitgestaltung und einer liberalen Unternehmenskultur geführt. Dies war sowohl der Motivation der Mitarbeiter als auch dem Unternehmensimage zuträglich gewesen, hatte aber die Bildung essenzieller betrieblicher Strukturen wie einer eigenen Rechts-, Personal- oder Finanzabteilung erschwert.[11]

Schmidt erkannte zudem das ungenutzte Potenzial von Googles Werbeprodukten und professionalisierte die Vertriebsstrukturen. Zur Förderung des Absatzes von bezahlten Anzeigen eröffnete man weltweit Verkaufsbüros, um die Kundennähe zu Großabnehmern zu erhöhen. Das Marktanalysewerkzeug Google Analytics half den Werbetreibenden zudem den Erfolg und die Schwachstellen ihrer Anzeigenkampagnen transparent nachzuvollziehen. Mit AdSense wurde das System der kontextabhängigen Anzeigenplatzierung externen Seitenbetreibern angeboten. Teilnehmer des Systems konnten Google die Verwaltung ihrer Werbeflächen überlassen und bis zu 80 % der Einnahmen für sich beanspruchen. Die Maßnahmen ließen den Umsatz von 80 Millionen US-Dollar 2001 bis auf 23,7 Milliarden US-Dollar 2009 ansteigen. Der Gewinn nach Steuern konnte trotz Finanzmarktkrise von 4,2 Milliarden US-Dollar 2008 auf 6,5 Milliarden US-Dollar 2009 angehoben werden.[12] Brin und Page nutzten die Einnahmen weiterhin für die Verbesserung der Suchtechnologie und bauten Googles Internetpräsenz durch

---

[10] Vgl. Google Inc. (2011b), http://www.google.com/finance?q=google, Abruf am 6.02.2011.
[11] Vgl. Vise, D. A. (2006), S. 112.
[12] Vgl. Google Inc. (2011a), http://investor.google.com/financial/tables.html, Abruf am 1.02.2011.

immer weitere Dienste in den Bereichen Geoinformation, Blogging, Nachrichten-
Dienst, E-Mail und Video aus.[13]

2008 hatte man bereits einen weltweiten Marktanteil bei Suchanfragen von 70 % erreicht und wurde damit zum wichtigsten Meinungsmacher im Internet.[14] Die aktuellen
Zahlen von 2010 (Abbildung 1) zeigen, dass man sich mit 93–97 % Marktanteil in Europa der totalen Kontrolle des Marktes nähert. Vergleichsweise schwach etabliert ist
man trotz umfangreicher Bemühungen in großen Teilen Asiens und in Russland. Kon-
kurriert man in Japan mit 38 % Marktanteil vornehmlich mit Yahoo, haben in Ländern
wie Russland oder China einheimische Produkte wie Baidu eine bessere Akzeptanz bei
den Nutzern.

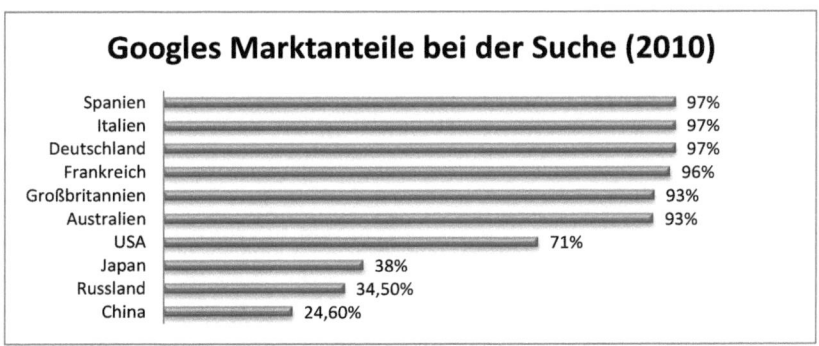

In Anlehnung an: Greenlight Marketing Ltd. (2010),
http://www.greenlightsearch.com/assets/images/market-share-large.png, Abruf am 2.02.2011.
Abbildung 1: Googles Weltmarktanteile

2.2 Googles Stärken und Alleinstellungsmerkmale

In den Jahren seines Bestehens hat Google einige Alleinstellungsmerkmale entwickelt,
die es dem Unternehmen erlaubten, auch gegen Mittbewerber zu bestehen, die aus einer
besseren Ausgangslage agierten. Neben der besonderen Unternehmenskultur und Mitar-
beiterführung, auf die später noch im Detail eingegangen wird, sind hier vor allem das
herausragende Image des Unternehmens, sein Netz aus strategischen Partnerschaften
und der technologische Vorsprung zu nennen, den man durch Schaffung einer innovati-
onsfreudigen Organisation aufrecht zu erhalten versucht.

---

[13] Vgl. Reppesgard, L. (2010), S. 38.
[14] Vgl. Kaumanns, R., Siegenheim, V. (2009), S. 18.

2.2.1 Unternehmensimage und Markenwert

Google hat es geschafft, die wertvollste Marke der Welt zu formen. 2010 wurde diese von dem Marktforschungsunternehmen Millward Brown Consulting mit 114 Milliarden US-Dollar bewertet und ist damit rund fünf Mal wertvoller als BMW, die höchstbewertete deutsche Marke mit knapp 22 Milliarden US-Dollar.[15] Obwohl das eigene Geschäftsmodell bisher nahezu komplett auf dem Verkauf von Werbeanzeigen beruht, verwendete man keine klassischen Marketingmethoden für die Imageförderung. Brin und Page waren der Überzeugung, dass ein auf die Nutzeranforderungen optimiertes Unternehmen in Form begeisterter Anwender und damit einhergehender Mundpropaganda seine Bekanntheit am besten fördern könne. Zudem kam eine Verwendung der klassischen Medien als Werbeträger nicht infrage, um die eigene Botschaft der Überlegenheit der Onlinewerbung nicht zu gefährden.[16]

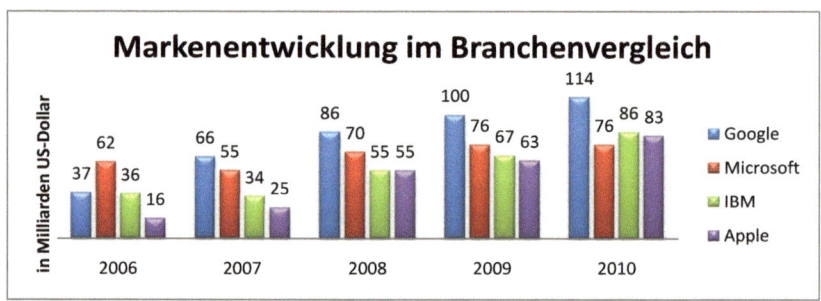

In Anlehnung an: Millward Brown Consulting (2011),
http://www.brandz.com/output/PreviousReports.aspx, Abruf am 4.02.2011.
Abbildung 2: Entwicklung der Markenwerte

Google verstand es, sich als Förderer der Open-Source-Bewegung zu inszenieren, der als Außenseiter gegen Microsoft, den Verfechter geschlossener Systeme, dessen Image durch zahlreiche Kartellrechtsverfahren und Zerschlagung von Unternehmen massiv gelitten hatte, antritt. Das klar strukturierte Feindbild verschaffte Google Zuspruch im Milieu selbstständiger Programmierer und Softwareentwickler.[17] Man versuchte sich vom üblichen Image eines kühl kalkulierenden Großkonzerns ohne Gesicht nach außen

---

[15] Vgl. Millward Brown Consulting (2010),
      http://c1547732.cdn.cloudfiles.rackspacecloud.com/BrandZ_Top100_2010.pdf, Abruf am 6.02.2011.
[16] Vgl. Kaumanns, R., Siegenheim, V. (2009), S. 115 f.
[17] Vgl. Matthes, S. (2010), http://www.wiwo.de/technik-wissen/microsoft-vs-google-der-tanz-mit-dem-
      teufel-428293/, Abruf am 6.02.2011.

zu distanzieren und auf die Menschen als kreatives Technologieunternehmen ohne Zwänge und Regeln zu wirken. So bewies man Witz und Humor im Umgang mit dem eigenen Markenzeichen bei der Einführung von Doodles, bei denen historische Ereignisse, Feiertage oder bekannte Persönlichkeiten in das Google Markenzeichen mit eingearbeitet wurden. Auch der unorthodoxe Führungsstil von Page und Brin ohne strikte Hierarchien oder die Organisation der Unternehmenszentrale wie eine Mischung aus Universitätscampus und Kinderhort haben Google konstant Sympathien verschafft.[18]

Das Ergebnis zeigt sich in einem eindrucksvollen Anstieg des Markenwertes Googles im Vergleich zu den drei Technologieschwergewichten Apple, IBM und Microsoft über die vergangenen fünf Jahre (Abbildung 2). Google konnte eine Verdreifachung von 37 auf 114 Milliarden US-Dollar verzeichnen und ist damit zusammen mit Apple, dem im gleichen Zeitraum gar eine Steigerung von 500 % gelang, der große Gewinner der Entwicklung. IBM konnte ebenfalls an Bedeutung gewinnen, während Microsofts beinahe Stagnation von 62 auf 76 Milliarden US-Dollar bezeichnend für den Werdegang des Unternehmens in den letzten Jahren ist. Man musste sich bei verschiedenen Übernahmeversuchen, neuen internetbasierten Produkten und Nachwuchsgewinnung regelmäßig dem Kontrahenten aus Mountain View geschlagen geben und ist nach wie vor eingeschränkt auf die Vermarktung der Betriebssysteme und Office-Produkte.

2.2.2 Strategische Partnerschaften

Die Führungsriege Googles hat sich seit jeher strategischer Partnerschaften als Methode der Popularitätssteigerung bedient. Im Juni 2000 integrierte Yahoo Google als offiziellen Suchdienst. Google profitierte durch Yahoos damaliger Bedeutung als Startseite vieler Internetnutzer von einem erhöhten Traffic, während Yahoo, das nur über einen redaktionell geführten Suchkatalog verfügte, seinen Nutzern ohne hohe Investitionen eine qualitativ hochwertige Suchmaschine bieten konnte.[19] Im Mai 2002 wurden ähnliche Verträge mit dem strauchelnden Internetprovider AOL geschlossen, die bis heute Gültigkeit besitzen.

AOLs Portalseiten fehlte es infolge mangelnder Kompetenzen im Werbesegment an Einnahmen, konnte aber dank 34 Millionen Kunden hohe Besucherzahlen verzeichnen.

---

[18] Vgl. Reppesgard, L. (2010), S. 16.
[19] Vgl. Röhle, T. (2010), S. 19 f.

Google wurde auch hier die Standardsuchmaschine und versorgt zudem seit Dezember 2005 die Werbeflächen AOLs mit Anzeigen aus dem eigenen Bestand. Obwohl AOL 70 % der Einnahmen für sich beanspruchen kann, machen die Erträge aus diesem Abkommen bis heute 10 % von Googles Gesamtumsatz aus. Weitere Abkommen dieser Art wurden Juli 2002 mit Suchmaschinenkonkurrent Ask Jeeves und Oktober 2004 mit AOL Europe geschlossen.[20]

In Verbindung mit den tausenden kleineren Webseiten, die dem AdSense Verbund angehören, besitzt Google ein nicht nachzuahmendes Netzwerk an Geschäftsbeziehungen, das kontinuierlich ausgebaut wird. Die Motive hierfür liegen nicht mehr primär in der Steigerung des Bekanntheitsgrades oder der Erhöhung des Traffics der Google-Dienste, sondern in einer Anhebung der Wechselbarrieren für Googles Anzeigeninserenten. Desto umfangreicher das eigene Partnernetzwerk ist, umso größer ist die Reichweite an Internetnutzern, die durch Reklame erreicht werden können. Google beabsichtigt alle Werbekonkurrenten im direkten Vergleich unattraktiv werden zu lassen.[21]

Aufgrund der positiven Erfahrungen mit strategischen Kooperationen nutzt man das Konzept in Mountain View auch, um das Risiko von Großprojekten, die Googles Weg in neue Märkte ebnen sollen, auf verschiedene Beteiligte zu streuen. So dient man zum einen als Gallionsfigur für das „Other 3 Billion"-Vorhaben, das eine Vernetzung der Dritten Welt verwirklichen soll, oder führt eine Gruppierung von Mobilfunkanbietern und Geräteherstellern in der „Open Handset Alliance" zur Etablierung des Open Source orientierten Android Betriebssystems.

2.2.3 Technologischer Vorsprung

Google hat durch stetige Investitionen in die Suchtechnologie, den Ausbau der Data-Mining Möglichkeiten und der Ansammlung einer Heerschar an IT-Spezialisten seinen technologischen Vorsprung gegenüber der Konkurrenz ausgebaut. Man ist nicht nur in der Lage, neue Produkte und Dienste schnell zu entwickeln und im Rahmen von Google Labs mittels der Öffentlichkeit zur Marktreife zu bringen, sondern kann diese auch flexibel innerhalb weniger Stunden in die eigene Rechnerarchitektur, die Googleware, einpflegen oder abschalten.

---

[20] Vgl. Brandt, R. L. (2010), S. 79 ff.
[21] Vgl. Kaumanns, R., Siegenheim, V. (2009), S. 124 f.

Das Unternehmen ist durch seine gesammelten Datenbestände, bestehend sowohl aus den Nutzerdaten der Suchmaschine als auch den Ergebnissen von User-Tracking Verfahren auf externen Seiten imstande Trends frühzeitig zu entdecken. Der für die Öffentlichkeit vorgesehene Dienst Google Trends, mit dem die Relevanz von Suchbegriffen im historischen Verlauf betrachtet werden kann, lässt die Möglichkeiten der Datenanalyse erahnen. In Verbindung mit den finanziellen Mitteln des Unternehmens besitzt man eine exzellente Ausgangslage, um vielversprechende Start-Ups frühzeitig zu erkennen und zu übernehmen. Aus den Ergebnissen der Datenauswertungen lässt sich zudem anhand der Häufigkeit verschiedener Suchbegriffe erkennen, für welche Themen in bestimmten Zeiträumen ein gesellschaftliches Interesse vorhanden war.[22]

2.3 Suchmaschinenmarketing

Die Verlagerung der Informationsbeschaffung auf das Internet und der damit einhergehende Erfolg von Suchdiensten haben zur Schaffung des Suchmaschinenmarketings geführt. Das Ziel liegt in der Optimierung der Internetseiten des Auftraggebers hinsichtlich der Suchkriterien der jeweiligen Suchmaschine, um eine bestmögliche Trefferplatzierung zu ermöglichen. Obwohl laut einer Studie des „The Pew Charitable Trust" von 2005 nur vier von zehn Google-Nutzern zwischen bezahlten Anzeigen und regulären Suchtreffern unterscheiden konnten und sich folglich eine vielversprechende Platzierung in den Suchergebnissen einfach erkaufen ließe, kann dies bei stark frequentierten Suchbegriffen schnell das Werbebudget des optimierungsbedürftigen Seitenbetreibers aufzehren.[23]

Google befindet sich hierbei in einem ständigen Balanceakt, da man die Suchmaschinenoptimierung mit legalen Mitteln grundsätzlich begrüßt. Ihr Ergebnis ist einerseits eine strukturelle und inhaltliche Neuausrichtung der entsprechenden Seite, die sie für Crawler, die Suchroboter der Suchmaschinenanbieter, leichter lesbar macht und folglich zu besseren Suchergebnissen führt. Andererseits befindet man sich in einem andauernden Wettrennen mit schwarzen Schafen des Milieus, die mittels nicht zugelassener Methoden wie dem Doorway-Trick oder dem Anlegen von Linkfarmen die Suchergebnisse zu manipulieren versuchen.

---

[22] Vgl. Röhle, T. (2010), S. 22 ff.
[23] Vgl. Reischl, G. (2008), S. 81.

2.3.1 Wirtschaftliche Bedeutung und Sanktionen

Zu fast jedem beliebigen Thema existieren mittlerweile Tausende relevanter Internetseiten, jedoch werden lediglich zehn davon auf Googles erster Trefferseite vermerkt. Studien des Internetproviders AOL haben gezeigt, dass 70 % der Internetnutzer nur die erste Ergebnisseite beachten und zu 75 % nur die ersten drei Treffer tatsächlich angeklickt werden.[24] Der CEO des Online-Vermarkters iProspect, Frederick Marckini, behauptet diesbezüglich: „Sämtliche Forschungen bestätigen, dass der Inserent, wenn er nicht auf den ersten drei Seiten der Suchergebnisse zu finden ist, gewissermaßen eine Reklamewand im Wald errichtet hat. Niemand wird darauf stoßen."[25]

Damit besteht vor allem für E-Commerce Firmen, die das Internet als Hauptabsatzmedium verwenden, oder für Hersteller von hochpreisigen Gütern, die die interaktiven Möglichkeiten des Internets für aufwendige Produktpräsentationen benötigen, die Notwendigkeit, auf den vorderen Plätzen gelistet zu werden. Deswegen greifen nicht nur Gruppen mit zweifelhaften Absichten, bspw. aus dem Bereich der Pornografie oder dem betrügerischen Entlocken sensibler Daten mittels Phishing Methoden, mitunter zu manipulativen Maßnahmen, sondern auch international angesehene Unternehmen. Dabei liegt nicht immer eine betrügerische Absicht vor, denn Unternehmen, die über kein originäres Geschäftsmodell im IT-Bereich verfügen, haben meist kein Verständnis für die angewandten Optimierungsverfahren und nutzen im allgemeinen Drang nach Kostenreduzierung Dienste fragwürdiger Anbieter.

Der Elektronikhersteller Ricoh und der Autobauer BMW wurden im Februar 2006 von Google aus dem Index entfernt, nachdem diese versuchten mit massenhaft auf ihren Homepages versteckt untergebrachten Schlüsselwörtern, die den jeweils populärsten Suchbegriffen entsprachen, die Relevanz ihrer Domain künstlich anzuheben. Auch hatte man sich der Manipulation der Google Crawler mittels Doorway Verfahren schuldig gemacht. Sofern der Manipulator sich in einem legalen Geschäftsfeld bewegt und nicht wiederholt auffällig wird, zeigt sich Google bei Säuberung der entsprechenden Seiten gnädig und macht diese innerhalb einiger Wochen wieder auffindbar.[26]

---

[24] Vgl. ebd. (2008), S. 35.
[25] Vise, D. A. (2006), S. 119 f.
[26] Vgl. Reischl, G. (2008), S. 33.

2.3.2 Suchmaschinenoptimierung

Die Suchmaschinenoptimierung als Teilgebiet des Suchmaschinenmarketings beruht auf der Untersuchung der den Webcrawlern und Sortieralgorithmen zugrunde liegenden Technik der jeweiligen Suchmaschine. Das Ziel ist die Bestimmung des Indizierungsverhaltens und der Kriterien, nach denen die Trefferliste zusammengestellt und sortiert wird. Durch die gezielte Bearbeitung der für Suchdienste bedeutenden Head- und Bodybereiche einer Internetseite, bspw. durch die Umformulierung von Titeln oder Überschriften, soll die Relevanz gesteigert und eine adäquate Suchwortdichte in der jeweiligen Internetpräsenz erzielt werden.

Von essenzieller Bedeutung ist die Auswahl der Suchbegriffe, auf die eine Optimierung der Webseite ausgerichtet wird. Hierbei kann sich Hilfsprogrammen wie dem Google Keyword-Tool oder dem MetaGer Web-Assoziator bedient werden.[27] Bei der traditionellen Suchmaschinenoptimierung beschränkt man sich für das bestmögliche Ergebnis auf ein oder zwei Suchbegriffe. Bei umfassenden Internetseiten werden eine semantische Aufteilung des Gesamtcontents vorgenommen und im Rahmen der „OnPage-Optimierung" die Suchwörter direkt in die einzelnen Textpassagen eingearbeitet. Als Grundvoraussetzung für eine erfolgreiche Optimierung wird zudem die Einhaltung der im World Wide Web üblichen Standards des HTML-Codes angesehen.[28]

Die Branche erfreut sich dank der Tatsache, dass man jenseits der ersten zehn Trefferplatzierungen in der Bedeutungslosigkeit versinkt, steigender Beliebtheit, weswegen Verbesserungen am Inhalt der Seite allein keine signifikanten Änderungen mehr bewirken können. Dies führt dazu, dass die beschriebenen Maßnahmen zunehmend mit der „OffPage-Optimierung" kombiniert werden. Sofern möglich, wird hierbei versucht sowohl Qualität als auch Quantität der Hyperlinkstrukturen der entsprechenden Webseite zu erhöhen, was z. B. ein wesentliches Bewertungskriterium des Google Pagerank Algorithmus darstellt.[29] Probleme bestehen für Suchmaschinen auch bei der Deutung von Internetseiten, die verstärkt Gebrauch von Flash-Inhalten machen, da diese rein grafisch mit Bildern und Filmsequenzen orientierten Seiten kaum Text zur Analyse

---

[27] Vgl. Greifeneder, H. (2010), S. 45 f.
[28] Vgl. ebd., S. 47 ff., S. 53 ff.
[29] Vgl. Erlhofer, S. (2008), S. 273.

enthalten und in letzter Konsequenz auch die Arbeit von Suchmaschinenoptimierern erschweren.

2.3.3 Suchmaschinen-Spamming

Als Suchmaschinen-Spamming werden alle Versuche bezeichnet, die zum Ziel haben, eine Webseite unter einem Stichwort zu listen, zu dem es keinen inhaltlichen Bezug hat. Zu den bekannteren Verfahren dieser Form der Manipulation gehören das Doorway Konzept, der Link-Trick sowie das Google-Bombing, die im Folgenden näher erläutert werden. Das Doorway Konzept, auch als Cloaking bezeichnet, beruht darauf, Inhalte auf einer für reguläre Nutzer nicht zugänglichen Seite exklusiv für die Crawler bzw. Bots der Suchmaschinen vorzuhalten. Die entsprechenden Seiten werden mit Schlüsselbegriffen verschiedenster Art überschwemmt, was folglich das Ranking der Seite anheben soll. Eine Abwandlung dieses Ansatzes ist der Hidden Text, bei dem die entsprechenden Keywords in der Hintergrundfarbe der Webseite verfasst wurden und nicht für das menschliche Auge sichtbar sind.[30]

Der Link-Trick ist speziell auf Googles Pagerank Algorithmus zugeschnitten und soll der Suchmaschine eine wertvollere Hyperlinkstruktur vermitteln als tatsächlich vorhanden ist. Rege Anwendung findet das Verfahren bei Foren oder Blogging-Seiten, da hier im Rahmen von Beiträgen und Kommentaren Hyperlinks angehängt werden können. Eine Variation besteht darin, ein Netzwerk aus Webseiten zu errichten, die alle untereinander verlinkt sind, jedoch nur eine Scheinexistenz führen, um die eingehenden Links der Hauptseite zu erhöhen. Ähnlich funktioniert das Google-Bombing, bei dem ein Linknetzwerk aus dubiosen Webseiten bewusst mit einem Wettbewerber verknüpft wird, um durch dessen Qualitätsverlust das eigene Angebot in Relation ansteigen zu lassen.[31] Das Ausmaß des Suchmaschinen-Spammings nimmt dabei wie die Bemühungen auf dem Gebiet der Suchmaschinenoptimierung ständig zu, gefährdet im Gegensatz dazu aber langfristig die Qualität der Suchergebnisse. Google ist mithilfe von regelmäßigen Änderungen des Pagerank Algorithmus bemüht, den Manipulatoren eine Anpassung an die Suchtechnologie zu erschweren und die Fähigkeiten zur automatischen Erkennung von manipulativen Maßnahmen durch die eigenen Suchroboter zu verbessern.

---

[30] Vgl. Greifeneder, H. (2010), S. 97.
[31] Vgl. Reppesgard, L. (2010), S. 105 f.

3 Produkte, Kernkompetenzen und Unternehmensprofil

3.1 Zentrale Produkte des Unternehmens

Googles Produktportfolio ist darauf ausgerichtet, langfristig die Dominanz des Unternehmens als Suchmaschinenanbieter sicherzustellen. Als Fundament des eigenen Werbenetzwerkes rund um die einträglichen Marketinglösungen AdWords und AdSense besitzt es für Google die gleiche Bedeutung wie Microsofts Stellung bei PC-Betriebssystemen und Office-Produkten. Alle kostenlosen Internetdienste unterliegen der Problematik, dass der nächste Konkurrent nur einen Mausklick entfernt ist, weshalb die Unternehmensführung Googles bemüht ist, das eigene Internetangebot um eine stetig wachsende Anzahl an Ergänzungsdiensten auszubauen.[32]

Es besteht die Absicht, Google zum einen durch einzigartige Dienste wie Google Maps oder Google Books klar von den Konkurrenten abzugrenzen und ein unverwechselbares Profil zu schaffen. Zum anderen litt der Internetgigant aus Mountain View bisher unter einer fehlenden Kundenbindung, da die Suchmaschine anonym genutzt werden kann. Yahoo und Microsoft konnten seit jeher durch ihre Dominanz im Bereich kostenloser E-Mail-Konten ihre Nutzer eindeutig identifizieren, da sie sich für die Verwendung der webbasierten Kontoverwaltung anmelden mussten. Anmeldepflichtige Dienste stellen eine höhere Wechselbarriere dar, da die Ergebnisse der mit dem entsprechenden Dienst vorgenommenen Tätigkeiten bei einem Anbieterwechsel verloren gingen. Produkte wie IGoogle, GMail und Google News sollen diese Lücke schließen.[33]

3.1.1 Marketinglösungen

Googles Werbeangebot ist auf die beiden Systeme AdWords und AdSense sowie die Hilfsprogramme Google Analytics und AdPlanner verteilt. Während AdWords die Google Suchseiten mit kontextabhängigen Anzeigen versorgt, befüllt AdSense die Werbeflächen von Partnerseiten. Das Werkzeug AdPlanner unterstützt den Werbeinserenten bei der Erstellung einer Werbekampagne, derweil Google Analytics eine detaillierte Nachbetrachtung erlaubt.[34]

---

[32] Vgl. Google Inc. (2011c), http://www.google.de/intl/de/corporate/business.html, Abruf am 6.02.2011.
[33] Vgl. Reppesgard, L. (2010), S. 155 ff.
[34] Vgl. Alexander, T. (2007), S. 15−23.

Die Umsatzzahlen Googles (Abbildung 3) zeigen, dass AdSense nicht nur den Aktions-
radius des Google Werbenetzes ausweitet, sondern einen beträchtlichen Anteil der Ge-
samtumsätze des Unternehmens direkt erwirtschaftet. Obwohl rund 70 % der mit
AdSense verbundenen Einnahmen an die Partnerseiten abfließen, lag der Anteil dieses
Tätigkeitsfeldes am Gesamtumsatz 2009 mit knapp 7,2 Milliarden US-Dollar und 2010
mit 8,8 Milliarden US-Dollar bei etwa 30 %. Zudem wird die Bedeutung der Marketinglösungen für Googles Fortbestehen ersichtlich, da 2010 mit werbefremden Einnahmen
nur rund eine Milliarde US-Dollar Umsatz erzielt werden konnte, was 3,7 % der Ge-
samteinnahmen entspricht.

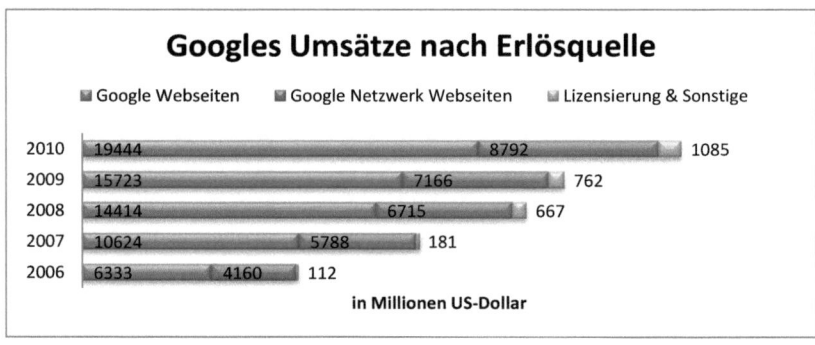

In Anlehnung an: Google Inc. (2011a), http://investor.google.com/financial/tables.html, Abruf am
1.02.2011
Abbildung 3: Einnahmeverteilung Googles

War man 2005 mit rund 360 000 Werbekunden ausgestattet, konnte man deren Anzahl
2006 bereits auf knapp 600 000 erhöhen und war 2007 bei über einer Million Inserenten
angelangt.[35] Der rasche Zuwachs liegt darin begründet, dass Google einen Werbemarkt
für kleine und mittlere Unternehmen erst ermöglicht hat. Man war zuvor auf Werbung
in Printmedien oder Rundfunk angewiesen, was eine begrenzte Reichweite der Reklame
bedingte, da die breitflächige Fernsehwerbung zu kostspielig war. Dagegen erlauben die
Werbesysteme Googles je nach Bedarf den gesamten nationalen oder gar länderüber-
greifenden Markt mit Inseraten zu bewerben, während die Kosten dank stark abgrenzba-
rer Zielgruppen und automatisierter Verfahren überschaubar sind. Die internetbasierten
Marketinglösungen sind zugleich Ausgangspunkt für Googles Bemühungen der Etablierung eines medienübergreifenden Werbesystems.

---

[35] Vgl. Kaumanns, R., Siegenheim, V. (2009), S. 66.

3.1.2 Geoinformationsdienste

Mit den Geoinformationsdiensten Google Maps und Google Earth und ebenfalls der neuen Street View Erweiterung betritt das Unternehmen den Markt der lokalen Suche, die insbesondere im Bereich mobiler Endgeräte wie Handys Anwendung findet. Auch hier soll das bereitgestellte Informationsmaterial durch kontextabhängige Werbung refinanziert werden, die jedoch durch die Identifizierbarkeit des Anwenders über seine SIM-Karte personalisierbar ist und daher ungleich wertvoller vermarktet werden kann.[36]

Ferner fördern die Angebote den Vertrieb des von Google entwickelten Android Betriebssystems. Nutzer von hierauf basierenden Geräten können die hauseigenen Geoinformationsangebote zur kostenlosen mobilen Navigation verwenden ohne regelmäßige Kosten für zu aktualisierendes Kartenmaterial. Eine weitere Anwendungsform könnte die Verwaltung eines Firmenfuhrparks sein, bei dem die Position der Fahrzeuge jederzeit bestimmbar ist.

Google Maps und Google Earth sind Dienste, die zum Teil darauf basieren, dass die Nutzergemeinde sie mit Inhalten füllt, während man selbst lediglich die Rahmenbedingungen schafft und sukzessive um neue Ausstattungsmerkmale ergänzt. Ein Beispiel für diese Vorgehensweise ist die Übernahme und anschließende Einbindung des Panoramio Fotodienstes, der die eigenen Kompetenzen im Bereich des Geotaggings, der Verbindung von digitalen Informationen mit Ortsangaben, ausgebaut hat. Seitdem werden weltweit jährlich Hunderttausende von Bildern durch Hobbyfotografen mit Googles Geoinformationssystem verknüpft und füllen den virtuellen Globus so mit Leben, ohne das Google hierfür eigene Kosten entstehen.[37]

Die Open Source orientierte Programmierung der Anwendungen auf Basis von Google SketchUp, eine Keyhole Markup Language, erlaubt die gebotenen Geodaten mit eigenen Informationen zu kombinieren. So können bspw. Immobilienmakler den Dienst auf ihrer Webseite einbinden, um die verwalteten Objekte zu kennzeichnen, Tourismushochburgen ihre lokalen Sehenswürdigkeiten markieren oder Kinos ihren potenziellen Besuchern Anfahrrouten mitteilen. Die Leistungsfähigkeit, Benutzer-

---

[36] Vgl. Alexander, T. (2007), S. 86 ff.
[37] Vgl. Kaumanns, R., Siegenheim, V. (2009), S. 280.

freundlichkeit und weite Verbreitung hat die von Google angebotene Variante zum De-facto-Standard werden lassen.[38]

3.1.3 Personalisierte Dienste

Um die angesprochene Problematik der fehlenden Wechselhürden zu beseitigen und die Kundenbindung zu intensivieren, hat Google eine Produktpalette an personalisierten Diensten entworfen, die alle gängigen internetbasierten Tätigkeitsfelder umfasst, damit Internetnutzer sämtliche Aufgaben innerhalb des firmeneigenen Angebots erledigen können. Dies soll sowohl zu einer erhöhten Verweildauer der Anwender auf Google Webseiten führen als auch durch die Anmeldepflicht der Nutzer die Zusammenfassung von vormals anonymen Profilen erleichtern.[39]

Dabei wurde das klassische Sortiment der Internetdienste wie E-Mail-Konten oder Videoportale um komplett individualisierbare Angebote wie IGoogle oder Google News ergänzt. Hiermit wird den Nutzern ermöglicht, Nachrichtenportale oder Internetstartsei-ten nach eigenem Belieben zu designen und mit Inhalten zu füllen. Da die größte Ak-zeptanz eines Google Substitutes jedoch im Bereich der gesellschaftlich etablierten E-Mail-Funktion erwartet wurde, drang man aggressiv in diesen Markt ein. Im Frühjahr 2004 wurde Google Mail ins Leben gerufen und bot jedem Anwender einen kostenlosen Speicherplatz von einem Gigabyte, was die Ausstattung der Produkte der Platzhirsche Yahoo und Microsoft um mehr als das Zweihundertfünfzigfache überstieg.[40] Ermöglicht wurde dies einerseits mittels Googles kapazitätsstarker IT-Infrastruktur der Googleware, andererseits infolge der Absicht, durch das computergesteuerte Scannen der E-Mail-Texte auch hier kontextabhängige Werbung platzieren zu können.

Eine Betrachtung der eindeutigen Besucherzahlen von E-Mail-Konten durch das Marktforschungsunternehmen ComScore (Abbildung 4) zeigt, dass sich Google mit seinem Pendant langfristig manifestieren konnte. April 2009 hatte man ca. 33 Millionen eindeutig identifizierbare Besucher zu verzeichnen und konnte diese Zahl innerhalb eines Jahres auf über 40 Millionen ausbauen. Damit liegt man auf dem Niveau des Konkurrenten Microsoft, der seit mehr als einem Jahrzehnt in diesem Markt vertreten ist

---

[38] Vgl. Reppesgard, L. (2010), S. 174 ff.
[39] Vgl. Vise, D. A. (2006), S. 153.
[40] Vgl. ebd., S. 149.

und hat AOL bereits abgehängt. Yahoo führt das E-Mail-Segment mit weitem Abstand an, da es seit jeher die Kernkompetenz des Unternehmens darstellt und einen Großteil des Unternehmenswertes ausmacht.

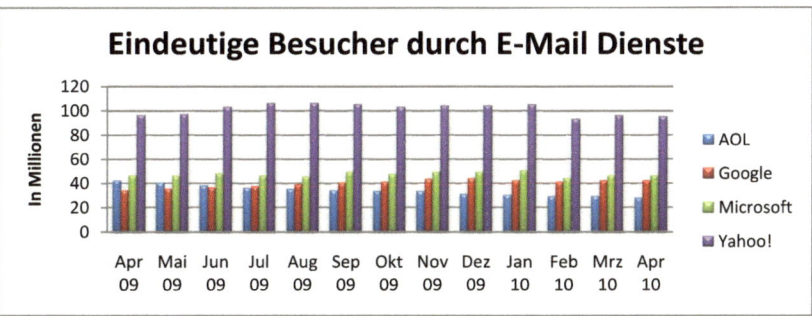

In Anlehnung an: Saint, N., Angelova, K. (2010), http://www.businessinsider.com/chart-of-the-day-us-unique-visitors-to-email-accounts-2010-5, Abruf am 6.02.2011.
Abbildung 4: Eindeutige Besucher der E-Mail-Anbieter

3.1.4 Google Books und Google Scholar

Die Produkte im Rahmen der Google Print Initiative, Google Books und Google Scholar, nehmen im Bereich der suchmaschinenfremden Dienste eine besondere Stellung ein. Hierbei handelt es sich um ein persönliches Anliegen der Google Gründer Page und Brin, das im Internet verfügbare Wissen von vor 1995 auszubauen. In Zusammenarbeit mit namhaften Partnern wie der New York Public Library oder Universitätsbibliotheken von Harvard und Standford soll am Ende der Entwicklung eine digitale Online-Bibliothek stehen, die alle Bücher der Welt beinhaltet. Ende 2009 umfasste der Bestand bereits sieben Millionen durchsuchbare Titel.[41]

Im Bereich älterer Werke, für die kein Urheberrecht mehr besteht und die nicht mehr verlegt werden, kann dieses Vorhaben angesichts hoher Digitalisierungskosten als Geschenk Googles an die Öffentlichkeit angesehen werden. Ein unternehmerischer Wert ist lediglich in der Steigerung des Bekanntheitsgrades der Marke und der Vergrößerung des über die Suchmaschine zugänglichen Informationsbestandes zu erkennen. Die Refinanzierung des Gesamtprojektes sollte über Kooperationen mit Verlegern erfolgen, bei denen diese ihre aktuell im Vertrieb befindlichen Werke in Exzerpten online

---

[41] Vgl. Kaumanns, R., Siegenheim, V. (2009), S. 241.

einsehbar machen und Google externe Quellen zum Erwerb einer digitalen Vollversion oder gedruckten Fassung bewirbt.[42]

Mit Google Editions hat man die Online-Bibliothek zudem um E-Books erweitert, deren Titel zu Teilen über Google selbst erworben werden können, womit man sich auf Konfrontationskurs mit dem Onlinehändler Amazon begibt, der mit seinem Lesegerät Kindle die digitale Vermarktung von Literatur und Zeitungsartikeln dominiert.

3.2 Kernkompetenzen

Der im Gründungszeitraum vorherrschende Kapitalmangel und der damit einhergehende Improvisationsbedarf sowie auch der technisch akademische Hintergrund von Lawrence Page und Sergey Brin, der die Basis einer einmaligen Unternehmenskultur ist, haben bei Google die Entwicklung von vier wesentlichen Kernkompetenzen gefördert.

Durch die feste Zuteilung von Arbeitszeit für die Entwicklung neuer Produkte in Kombination mit Open Source Ansätzen und dem Crowdsourcing lassen sich neue Anwendungen in Rekordzeit realisieren. Die Personalarbeit des Unternehmens sorgt seit Jahren für eine unterdurchschnittliche Fluktuationsrate der Belegschaft und die Googleware, die firmeneigene IT-Infrastruktur, ist zum größten Computernetzwerk der Welt angewachsen. Darüber hinaus hat man gelernt, das Prestige des Unternehmens beim IT-Nachwuchs und in der Öffentlichkeit durch gezielte Imagefördermaßnahmen auf einem hohen Niveau zu halten.

3.2.1 Kurze Entwicklungs- und Testphasen

Googles Geschäftsführung hat die Auslagerung des Großteils der anfallenden Entwicklungsarbeiten an freie Programmierer der Open Source Gemeinde perfektioniert und reguläre Internetnutzer als kostenlose Tester für neue Produkte gewonnen. Der Unternehmensbereich Google Labs, der sich mit der Evaluierung von Neuentwicklungen und deren Marktpotenzial befasst, ist dafür verantwortlich, neue Angebote, die sich noch im Rohstadium befinden, in verschiedenen Betaphasen frei zugänglich in die Google Webpräsenz einzugliedern. Anhand des Feedbacks von Nutzern wird das Programm

---

[42] Vgl. Brandt, R. L. (2010), S. 134 ff.

stückweise um tatsächlich benötigte Ausstattungsmerkmale erweitert und spart so unnötige Entwicklungskosten ein.[43]

Google profitiert bei dieser Vorgehensweise davon, dass es seine Dienstleistungen unentgeltlich anbietet, im Gegensatz zu klassischen Softwareentwicklern wie Microsoft, das sich dem Anspruch stellt, ein fertiges Produkt gegen Bezahlung zu liefern. Google Kunden begegnen Neuentwicklungen des Unternehmens daher nicht mit einer ebenso hohen Erwartungshaltung und sind teils gar intrinsisch motiviert, indem sie sich als Teil des Innovations- und Entwicklungsprozesses fühlen. Diese Einbindung regulärer Internetnutzer zu Testzwecken oder indem sie Inhalte für bereits etablierte Systeme beisteuern, wie das aufgezeigte Beispiel von Panoramio bei Google Maps, wird als Crowdsourcing bezeichnet.[44]

Im Falle von Googles Großprojekten, die auf die Einführung neuer Technologiestandards abzielen, wie dem Android Betriebssystem für Mobilgeräte, ist für eine vielversprechende Adaption des Marktes die Schaffung einer soliden Basis aus selbstständigen Programmierern unerlässlich. Um entsprechende Kreise dazu zu motivieren, sich mit der eigenen Technologie zu befassen, veranstaltet Google regelmäßig Programmierwettbewerbe, die neben Anerkennung auch Geldprämien als Anreiz haben. Die für die Materie sensibilisierten Programmierer sollen eine Vielzahl von Nischenprodukten erstellen, ähnlich des Konzeptes von Apple mit dem Appstore für das IPhone Mobiltelefon, deren unternehmensinterne Entwicklung unrentabel wäre.[45]

3.2.2 Stetige Imageförderung

Das derzeit gute Image des Technologiekonzerns und der damit verbundene Markenwert sind zu bedeutsam für die gesellschaftliche Akzeptanz künftiger vermeintlich datenschutzsensibler Produkte, um deren Entwicklung dem Zufall zu überlassen. Page und Brin haben es perfektioniert, öffentlichkeitswirksame Kampagnen mit minimalem Mitteleinsatz durchzuführen. So betreibt man mit Biodiesel betriebene Shuttlebusse für die Belegschaft oder versorgt die Konzernzentrale in Mountain View nahezu komplett über selbstproduzierten Solarstrom.

---

[43] Vgl. Reppesgard, L. (2010), S. 47 ff.
[44] Vgl. Kaumanns, R., Siegenheim, V. (2009), S. 171 ff.
[45] Vgl. ebd., S. 178.

Die Presseabteilung schreckt auch nicht davor zurück, das Unternehmen mit zweifelhaften Mitteilungen ins Gespräch zu bringen. Aprilscherze wie die Planung einer Mondba-
sis namens Kopernikus oder einer eigenen Marskolonie erzeugen in der Öffentlichkeit
den Eindruck eines lockeren Selbstverständnisses der Firmenlenker, was für die Attraktivität Googles auf IT-Nachwuchs von essenzieller Bedeutung ist.[46]

Ähnlich den eigenen Motivationsversuchen von selbstständigen Open Source Programmierern verwendet man auch im Bereich der Imageförderung die Ausschreibung
von zukunftsorientieren Projekten und damit verbundener Preisgelder. Bspw. hat man
eine Belohnung von 30 Millionen US-Dollar ausgesetzt für das erste Unternehmen, das
zum Mond fliegt und eine vorgefertigte Liste von Missionszielen erfüllt.[47] Maßnahmen
dieser Art stellen Google in der Öffentlichkeit als innovationsförderndes Unternehmen
dar, das den Fortschritt der Menschheit vorantreibt. Gleichzeitig sind sie für Google de
facto kostenlos, da eine Realisierung solcher Vorhaben – wenn überhaupt – erst in mehreren Jahren möglich sein dürfte, der positive Werbeeffekt aber unmittelbar eintritt.

Mit Google.org als dem philanthropischen Arm des Konzerns hat man zudem eine
Möglichkeit entdeckt, Unternehmensabsichten mit gesellschaftlich wünschenswerten
Zielen zu vereinbaren. So ist Google aufgrund des steigenden Energiebedarfs seiner
IT-Infrastruktur an alternativen Energieformen interessiert und kann über Google.org in
entsprechende Marktführer investieren. In der Außenwirkung kann Google seine Popu-
larität als grünes Unternehmen ausbauen, während man gleichzeitig von einer positiven
Entwicklung alternativer Energien finanziell profitiert.[48]

3.2.3 Personalarbeit

Die Summe der Managementmaßnahmen im Bereich der Personalarbeit Googles soll
ein Unternehmensklima in der Belegschaft erzeugen, das dem eines Universitätscampus
gleicht. Flache Hierarchien sollen verhindern, dass fehlendes Fachwissen in einem
mittleren Management vielversprechende Ideen einfacher Angestellter blockieren könnte. Stattdessen sieht das Organisationsmodell vor, dass Mitarbeiter jeglicher Rangstufe
ihre Konzepte der Geschäftsführung direkt vortragen können. Obwohl sich dieses Kon-

---

[46] Vgl. Reppesgard, L. (2010), S. 38 ff.
[47] Vgl. Kaumanns, R., Siegenheim, V. (2009), S. 149.
[48] Vgl. Brandt, R. L. (2010), S. 181 f.

zept wegen einer wachsenden Belegschaftsgröße schwieriger umsetzen lässt als in den ersten Jahren nach der Gründung, ist es nach wie vor eines der Fundamente, auf denen Googles Innovationskraft beruht.[49]

Die Imitation universitärer Strukturen und einer entsprechenden Atmosphäre macht Google insbesondere für Studienabsolventen attraktiv, da die Neuzugänge weiterhin in ihren vertrauten Abläufen agieren und keine Einarbeitungs- oder Umgewöhnungszeit benötigen. Dies wird durch die Rundumversorgung der Belegschaft der Konzernzentrale in Mountain View noch verstärkt. Den früheren Studenten werden viele Tätigkeiten, die nach dem abgeschlossenen Studium mit der Führung eines eigenen Haushalts einhergehen, abgenommen. Eine kostenlose Versorgung mit drei Mahlzeiten am Tag, Ärzte auf dem Betriebsgelände, firmeninterne Wäschereien oder ein integrierter Kinderhort geben den Mitarbeitern die Möglichkeit, sich komplett ihrer Arbeit zuzuwenden.

Unentgeltliche Vergütungsbestandteile dieser Art sollen den Mitarbeitern die Notwendigkeit nehmen, dass Firmengelände verlassen zu müssen, wodurch sich die täglichen Arbeitszeiten der Belegschaft verlängern, ohne dass dies den Mitarbeitern als nachteilig bewusst wird. Ein eigens geschaffener Posten des Firmenkulturchefs soll die Vorstellungen der Gründer aufrechterhalten und ein Corporate Concierge führt Besorgungen für die Mitarbeiter außerhalb des Betriebsgeländes aus. Aktienoptionen, die mehrere Millionen US-Dollar wert sind, werden im Rahmen sogenannter „Founder's Awards" als Belohnung an die erfolgreichsten Forschungsteams vergeben, um die Arbeitsmotivation der mehr als 5 000 Millionäre des Unternehmens aufrechtzuerhalten.[50]

Einer der wichtigsten Erfolgsfaktoren von Technologieunternehmen ist die Gewinnung von IT-Nachwuchs. Google kann hier von seinem hervorragenden Image zehren und hat dank einer ungebrochenen Siegessträhne im Wettbewerb mit Microsoft die Position des attraktivsten Arbeitgebers der Branche inne.[51] Googles Personalabteilung ist sich zudem bewusst, dass in Krisenzeiten die Anwerbungskosten von Fachkräften weitaus geringer sind als bei stabilen Marktverhältnissen. Als im Rahmen der Internetblase um das Jahr 2000 die Unternehmenswerte der Technologiebranche abnahmen und

---

[49] Vgl. Reischl, G. (2008), S. 11−15.
[50] Vgl. Vise, D. A. (2006), S. 254.
[51] Vgl. Hage, S. (2007), http://www.manager-magazin.de/unternehmen/it/0,2828,471477-2,00.html, Abruf am 6.02.2011.

branchenweit Mitarbeiter freigesetzt wurden, fanden diese in dem prosperierenden Suchmaschinenanbieter einen neuen Arbeitgeber, der den Markt an Talenten leerfegte und somit die personelle Grundlage für seinen späteren Erfolg schuf.

3.2.4 Die Googleware

Die Voraussetzungen für die heutige IT-Infrastruktur Googles wurde bereits in den aktiven Studientagen der Google Gründer geschaffen. Das für die Bildung einer Universitätsdatenbank vorgesehene Forschungsprojekt, das die Google Suchtechnologie hervorbrachte, war für das Vorhaben, das gesamte Internet zu verwalten, hoffnungslos unterfinanziert. Aus der Not heraus perfektionierten Page und Brin die Fertigung eigener Serveranlagen, die aus einer Vernetzung von PC-Systemen hervorgingen und anfallende Rechenarbeiten durch maßgeschneiderte Software auf die verschiedenen Komponenten aufteilen konnten.[52] Die Kernprogramme bestehen aus dem Google File System, MapReduce und BigTable. Das Google File System stellt eine Verteilung anfallender Daten an mindestens drei verschiedenen Orten weltweit sicher, was zum einen Redundanzen für Ausfälle einzelner Rechenzentren schafft und die Zugriffszeiten der Nutzer senkt. MapReduce ist für die Aufspaltung komplexer Rechenaufgaben in für die einzelnen Teilsysteme verwertbare Segmente verantwortlich, während BigTable die Verteilung großer Mengen an zusammenhängenden strukturierten Daten auf eine Vielzahl kleinerer Server erlaubt.[53]

Es stellte sich heraus, dass in der Eigenfertigung der IT-Hardware für Google ein Wettbewerbsvorteil bestand. Gegenüber dem Bezug vorgefertigter Systeme externer Anbieter wie Dell oder IBM konnte für die gleiche Investitionssumme die dreifache Rechenleistung angeschafft werden. Im Jahr 2003 war so die Bildung einer Rechenleistung von 176 Prozessoren, 176 Gigabyte Arbeitsspeicher und 7 Terabyte Speicherplatz für 280.000 US-Dollar möglich. Ebenbürtig ausgestattete Angebote von außerhalb hätten 760.000 US-Dollar gekostet, weswegen man an dieser Vorgehensweise auch in finanziell solideren Zeiten festhielt und die Eigenfertigung von Computerhardware zu einer Kernkompetenz des Unternehmens wurde.[54]

---

[52] Vgl. Reppesgard, L. (2010), S. 20 ff.
[53] Vgl. Alexander, T. (2007), S. 246 f.
[54] Vgl. Kaumanns, R., Siegenheim V. (2009), S. 69.

Die Googleware nimmt heute neben der Personalarbeit für Google den wichtigsten Stellenwert ein. Sie ist sowohl Speicherort für den unersättlichen Datenhunger des Unternehmens bezüglich des zu verwaltenden Informationsangebotes wie auch der gesammelten Nutzerdaten und ebenfalls der Ausgangspunkt für Googles Bemühungen im Bereich des Cloud Computings.

Das Marktforschungsinstitut TeleGeography ging 2008 davon aus, dass in den folgenden fünf Jahren eine Steigerung des Internetaufkommens von 70 % zu erwarten sei. Angesichts solcher Zuwachsraten ist die Fähigkeit, Rechenkapazitäten schneller und kostengünstiger errichten zu können, wettbewerbsentscheidend. Der Spitzeninformatiker und Präsident der Standford Universität, John Hennessy, schließt hieraus: „Eine Suchmaschine einzurichten, die mit Google konkurrieren kann, würde eine viel höhere Kapitalanlage erfordern, als die meisten glauben."[55]

3.3 Politik und Strategie

Googles Unternehmenspolitik und Geschäftsstrategie zielen langfristig darauf ab, ein allumfassender Informationsanbieter zu werden, der nicht nur sämtliches in Text, Bild und Ton geschaffene Wissen nutzbar macht, sondern dank detaillierter Gewinnung von Anwenderdaten in einem sich stetig personalisierenden World Wide Web seinen Nutzern auch Hilfestellungen in persönlichen Anliegen wie Berufswahl oder Partnersuche bieten kann.[56] Um das Werbegeschäftsmodell auszubauen, verfolgt man die Bildung eines crossmedialen Werbenetzwerkes, bei dem Inserenten über die AdWords Plattform ihre Werbekampagnen medienübergreifend platzieren können. Die internetbasierten Reklameformen hielten 2009 einen Anteil am weltweiten Marketingbudget von lediglich 10–15 %.[57] Eine Expansion in den klassischen Medien wie auch den Mobilfunk würde Google bei dortiger Akzeptanz seiner Werbeprodukte ungeahnte Einnahmepotenziale eröffnen.

Neben dem verstärkten Einsatz von Open Source, der primär eine strategische Weichenstellung bei neuen Technologiefeldern garantieren soll, bedient man sich zur Erreichung des Ziels der Systemführerschaft der disruptiven Innovation und der

---

[55] Reischl, G. (2008), S. 58.
[56] Vgl. ebd., S. 40.
[57] Vgl. Kaumanns, R., Siegenheim V. (2009), S. 204 f.

Unternehmensakquise. Im Rahmen der disruptiven Innovation übertragt Google seine kostenlos nutzbaren Internetangebote, wie im dargestellten Beispiel der Nutzung von Google Maps auf Android basierten Mobiltelefonen zwecks Navigationsfunktion, in Märkte, auf denen eine entgeltliche Verwendung vergleichbarer Dienste üblich ist. Ein weiteres Beispiel stellt die Übertragung von Googles Marketingtools AdPlanner und Analytics für die Nutzung in klassischen Medien dar. Die kostenlosen und automatisierten Produkte würden die von Werbeagenturen gebotenen Dienstleistungen obsolet machen. Man bedient sich der Unternehmensakquise, um neue Märkte umgehend besetzen und die Anlaufzeit eigener Entwicklungen umgehen zu können. Auf diesem Weg erhält man nicht nur einen sofortigen Zugriff auf das Fachwissen der Belegschaft, sondern wird Eigentümer womöglich eingereichter früherer Patente.

3.3.1 Unternehmenskultur – „Don't be evil"

Lawrence Page und Sergey Brin werden nicht müde zu erwähnen, dass ihre Absichten mit Google nicht rein monetärer Art sind, sondern dem Wohle der Menschheit dienen sollen. In einem dem Börsenprospekt beigelegten Brief der Gründer betonte man: „Googles ist kein konventionelles Unternehmen. Und wir haben auch nicht vor, eines zu werden."[58] War die mit missionarischem Eifer in die Öffentlichkeit getragene Unternehmenskultur „Don't be evil" in den Jahren nach der Gründung ein wichtiger Katalysator für Popularität und Image des Unternehmens, wird es für Google zunehmend schwerer, unter dem Druck des Wettbewerbes seinen selbst gesetzten moralischen Grundsätzen gerecht zu werden.[59]

Unpopuläre Entscheidungen wie der Betrieb einer zensierten Suchmaschinenversion in China treffen Google aufgrund der höheren Erwartungshaltung der Öffentlichkeit ungleich härter als seine Konkurrenz. Eine Vermarktung der gesammelten Nutzerdaten an Dritte, wie dies Facebook in Ermangelung anderweitiger Einnahmequellen betreibt, könnte Googles Kunden in eine irreparable Vertrauenskrise stürzen. Googles Vizepräsidentin, Marissa Mayer, ist sich dieser Gefahr bewusst: „Vertrauen ist die Basis für alles, was wir hier tun."[60] Zur Unternehmenskultur Googles gehört auch der kostenlose Zugang der Endverbraucher zu den angebotenen Diensten gegen Preisgabe persönlicher

---

[58] Brandt, R. L. (2010), S. 101.
[59] Vgl. Google Inc. (2011d), http://www.google.de/intl/de/corporate/tenthings.html, Abruf am 6.02.2011.
[60] Reppesgard, L. (2010), S. 265.

Informationen. Die Nutzer sind an die Bezahlung im Internet in Form von Daten ge-wöhnt und würden neue Produkte Googles auf Basis entgeltlicher Entlohnung nicht akzeptieren, was Google künstlich auf sein Geschäftsmodell der Refinanzierung über Werbung einschränkt.

3.3.2 Übernahmen und Akquisitionen

Die beiden wichtigsten Übernahmen der Unternehmensgeschichte waren die des Video-portals Youtube und des Branchenführers im Bereich Bannerwerbung, DoubleClick. Obwohl Google Video im Januar 2005 einen Monat vor Youtube gestartet wurde, sah man sich bereits im Oktober 2006 gezwungen den Mitbewerber für 1,6 Milliarden US-Dollar Kaufpreis zu übernehmen.[61] Youtube war der Konkurrenz voraus, da man den Web 2.0-Charakter des Videoportals nicht auf das Hochladen selbst produzierter Filmclips beschränkte. Bewertungs- und Kommentarfunktionen, der Austausch von Wiedergabelisten oder die Möglichkeit, anderen Nutzern Empfehlungen zu senden, lie-ßen schnell eine Community entstehen.

Betrachtet man die Zahlen eindeutiger deutscher Besucher der beiden Videoportale Youtube und Google Video in 2006 (Abbildung 5), wird schnell ersichtlich, dass Google Video innerhalb weniger Monate uneinholbar abgehängt worden war. Youtube konnte seine Besucherzahlen von 330 000 im Januar innerhalb von drei Monaten mit einem Anstieg auf 1,3 Millionen fast vervierfachen und hatte bis September seine Basis vom Jahresbeginn um 1 600 % auf 5,4 Millionen ausgebaut. Im gleichen Zeitraum ge-lang Google nur ein Anstieg von 150 000 im Januar auf knapp 700 000 Besucher im September.[62]

Angesichts der gewaltigen Wachstumzahlen bahnte sich mit Youtube die Etablierung eines weiteren Trafficknotenpunktes des Internets an, dessen Kontrolle für die angestrebte Systemführerschaft Googles im Bereich der Informationsverwaltung un-ausweichlich wurde. Hätte man mit dem Kauf gezögert, wäre man Gefahr gelaufen, den Marktführer für internetbasierte Videoangebote unwiderruflich an andere finanzstarke Konkurrenten wie Microsoft zu verlieren.

---

[61] Vgl. Kaumanns, R., Siegenheim, V. (2007), S. 58.
[62] Vgl. ebd., S. 60 f.

In Anlehnung an: Kaufmanns, R., Siegenheim, V. (2007), S. 60
Abbildung 5: Google Video vs. Youtube in Deutschland

2009 hatte Youtube einen Anteil am weltweiten Internetaufkommen von 10–15 % und allein im März 2009 waren vier Milliarden Filmabrufe erfolgt.[63] Dies hatte entsprechende Kosten für Google in Bereitstellung adäquater IT-Kapazitäten innerhalb der Googleware zur Folge. Dennoch hat sich die Übernahme für den Internetriesen gelohnt, da das Videoportal seit Jahren im Hinblick auf eine ausführliche Forschung auf dem Gebiet kontextbasierter Werbung bei audiovisuellen Inhalten dient. Google liegt in den letzten Zügen der Fertigstellung einer Reihe von Algorithmen, die automatisch den zugrunde liegenden Inhalt von Videos oder Tonspuren zuordnen kann und entsprechend Anzeigen aus dem AdWords-Bestand einpflegt. Der Durchbruch dieser Arbeiten würde Google zugleich die Anwendung der Technologien in Hörfunk und Fernsehen erlauben.

Obwohl Googles Firmenpolitik sich von vermeintlich störenden Formen der Internetreklame wie Banner- oder Pop-up-Werbung distanziert, hat Google Ende 2007 mit DoubleClick einen der Marktführer dieses Werbesegments übernommen. Das Unternehmen hatte im Bereich der Online-Werbung in den 1990er-Jahren eine Marktdominanz inne wie aktuell Google und sammelte die für zielgerichtete Anzeigen notwendigen Nutzerdaten über den Einsatz von Cookies. DoubleClick brach im öffentlichen Vertrauen und damit wirtschaftlich massiv ein, als man mit dem Zukauf des Marktforschungsinstituts Abacus Alliance einen Adressenabgleich von knapp 90 Millionen Haushalten der USA mit den im Internet gesammelten Nutzerdaten plante, um diese eindeutig identifizieren zu können.[64]

---

[63] Vgl. Kaumanns, R., Siegenheim, V. (2009), S. 257.
[64] Vgl. Reischl, G. (2008), S. 52 ff.

Google konnte durch die Akquise DoubleClicks sowohl den gesamten Datenbestand vereinnahmen als auch seine Geschäftsbeziehungen zu Großunternehmen verbessern. Diese nutzen aufgrund der Größe ihrer Zielgruppen und umfangreichen Kapitalausstattung meist flächendeckende Werbeformen wie Fernsehspots, auf deren internetbasierte Pendants DoubleClick spezialisiert war. In Kombination mit den Kunden von Googles AdWords System aus dem Bereich der kleinen und mittleren Unternehmen hatte man so die gesamte Bandbreite an Kunden abgedeckt. Durch die gewonnenen Nutzerdaten kann Google zudem seine Werbedienste im Hinblick auf sozio- und psychografische Kriterien verfeinern.[65]

3.3.3 Datenspeicherung

Die Vorratsdatenspeicherung Googles ist das Ergebnis der „Gratis gegen Privatsphäre"-Politik des Unternehmens. Neben der bereits erwähnten Möglichkeit, die in der Rolle als Meinungsmacher des Internets angefallenen und unstrukturierten Daten der Informationsgesellschaft auszuwerten und für Trendvoraussagen zu verwerten, verteidigt man die Vorgehensweise zu Zwecken der Produktpflege und Bekämpfung des Klickbetruges bei AdWords Anzeigen. Letzteres war für die Inserenten zu Zeiten des Cost-per-Click-Abrechnungsverfahrens ein finanzielles Ärgernis. Obwohl Google bei überzeugender Beweislage des Geschädigten für eine unkomplizierte Rückvergütung des entstandenen Schadens bekannt ist, fehlt es vor allem Kleinkunden oft an der technischen Ausstattung, um Klickbetrug zu ihren Lasten zu erkennen.[66]

Durch das Anlegen von Nutzerprofilen aus Daten der verschiedenen Google Dienste soll zudem sichergestellt werden, dass die gesetzten Anzeigen in Bezug auf die Interessen des entsprechenden Anwenders einen Mehrwert bieten. Da der in der Googleware gelagerte Datenbestand sowohl für dubiose Geschäftemacher als auch für seriöse Marketingunternehmen einem Goldschatz gleichkommt, unterliegt Googles IT-Infrastruktur zudem ständigen Hackerangriffen. Die Unternehmensführung in Mountain View betont, dass aus gesammelten Daten der Angreifer Verhaltungsmuster gewonnen werden können, die helfen, das System künftig vor Attacken zu schützen.[67]

---

[65] Vgl. Ihlenfeld, J. (2007), http://www.golem.de/0704/51672.html, Abruf am 6.02.2011.
[66] Vgl. Vise, D. A. (2006), S. 230 ff.
[67] Vgl. Reischl, G. (2008), S. 74 f.

4 Neue Geschäftsfelder und Zukunftspläne

4.1 Googles Eintritt in die mobile Kommunikation

Googles Geschäftsmodell zielt darauf ab, mit seinen kostenlos nutzbaren Diensten eine größtmögliche Nutzergruppe zu erreichen, wofür offene Systeme ohne künstliche Barrieren vonnöten sind. Im stetig an Bedeutung gewinnenden Mobilfunksektor, der vor allem in Schwellenländern aufgrund der geringen Gerätekosten gegenüber PCs den Hauptzugang zum Internet bereitstellt, sind aber von Mobilfunkprovidern und Mobiltelefonherstellern geschaffene und geschlossene Systeme die Regel.[68]

Da strategische Abkommen für eine technologische Öffnung der Mobilfunknetze nicht ausreichen, greift man mit dem im Rahmen der Open Handset Alliance geschaffenen Android Betriebssystem nicht nur die marktdominierenden Angebote von Apple und RIM an, sondern hat durch ein riskantes Kalkül auch die Netzbetreiber zu einer Öffnung gezwungen. Im Januar 2008 wurden in den USA die ehemaligen 700 Mhz Frequenzen des Analog-TVs zum Zwecke der zukünftigen Mobilfunkverwendung versteigert. Google bot der US-amerikanischen Telekommunikationsbehörde an, bis zu 5 Milliarden US-Dollar zu bieten, sofern der Gewinner der Auktion Teile der Frequenzen für die Nutzung durch die unterlegenen Mitbewerber öffnen müsse. Die Frequenzen wurden schlussendlich von Verizon Wireless übernommen, womit eine Öffnung der Netze zum Nulltarif erreicht wurde.[69]

Auf lange Sicht sollen die Mobilfunkanbieter nur noch die Rolle eines mobilen Internetproviders einnehmen. Diese sollen mit einem Preisniveau, das mit dem des festnetzbasierten Internetzugangs vergleichbar ist, den Nutzern die Hemmungen vor einer ausgiebigen Verwendung des Mobiltelefons für Internetbesuche nehmen. Die technischen Voraussetzungen für einen Siegeszug der kostenlosen Google Dienste auf Mobiltelefonen hat man mit einer erfolgreichen Vermarktung des Android Betriebssystems bereits geschaffen. Der Marktanteil in den USA von 2 % im Oktober 2009 konnte in nur vierzehn Monaten auf 27 % Prozent ausgebaut werden und verschafft damit größtenteils zulasten des Mitbewerbers RIM Google eine genau so große Anhängerschaft wie

---

[68] Vgl. Brandt, R. L. (2010), S. 166.
[69] Vgl. Reppesgard, L. (2010), S. 243 ff.

Apple, das über den Topseller des iPhone verfügt (Abbildung 6). Damit haben die drei Marktführer Dezember 2010 gemeinsam eine Marktdurchdringung von 82 % erzielt.

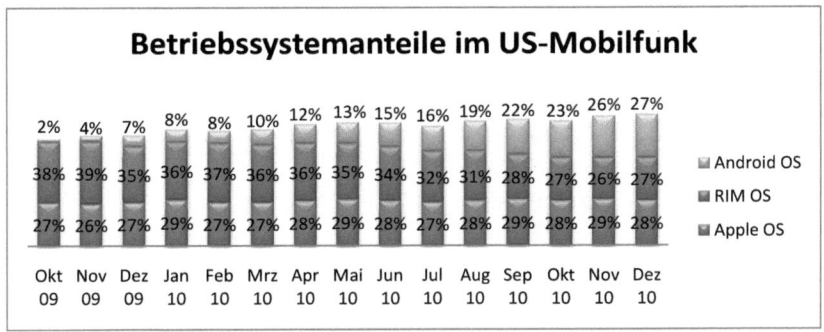

In Anlehnung an: The Nielsen Company (2011), http://blog.nielsen.com/nielsenwire/wp-content/uploads/2011/01/smartphone-OS-share1.png, Abruf am 6.02.2011.
Abbildung 6: Verteilung der Mobilbetriebssysteme

4.1.1 Wachstumschancen und Hindernisse

Da das Android System dahingehend ausgelegt ist, Nutzerdaten umfassender zu sammeln als dies bisher über die rein internetbasierten Dienste Googles möglich war, liegt das größte Potenzial in verbesserten Identifikationsmöglichkeiten der Anwender für Werbezwecke. Google Aufsichtsratsmitglied Eric Schmidt meinte hierzu: „Die nächste große Werbewelle ist das mobile Internet. Dann wird Werbung sehr persönlich, und der Wert für Werbung auf Mobiltelefonen wird steigen."[70] Die überlegenen Wachstumsraten mobiler Endgeräte in Asien gegenüber stationären Computern, am Beispiel der einwohnerreichsten Länder China und Indien, zeigen, dass die Zukunft internetbasierter Dienste auf dem mobilen Sektor liegt. Nach Studien der Boston Consulting Group (Abbildung 7) standen 2006 210 Millionen PCs in den beiden Ländern bereits 740 Millionen SIM-Karten gegenüber. Während nach Schätzungen der Unternehmensberatung die Anzahl der PCs bis 2015 nur auf etwa 680 Millionen ansteigen wird, werden zu diesem Zeitpunkt knapp 2,1 Milliarden SIM-Karten im Umlauf sein.

Google hat hier die Chance, mittels einer erfolgreichen Etablierung seines Android Systems den technologischen Kommunikationsstandard von über zwei Milliarden Menschen zum eigenen Vorteil zu beeinflussen. Auch bietet sich durch eine frühe Optimie-

---

[70] Ebd., S. 237.

rung der Produktpalette für eine Anwendung mit mobilen Geräten die Möglichkeit, die in Asien bisher vergleichsweise schwachen Marktanteile aufzubessern und lokal angesehene Konkurrenten wie die chinesische Suchmaschine Baidu zu überholen.

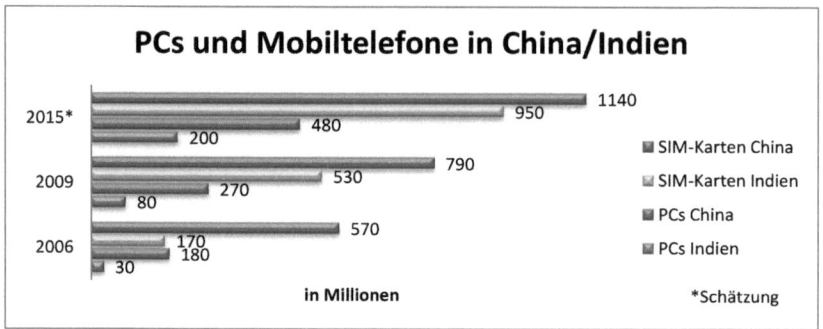

In Anlehnung an: Boston Consulting Group (2010), http://www.bcg.com/documents/file58645.pdf, Abruf am 6.02.2011.
Abbildung 7: Anzahl internetfähiger Endgeräte in China und Indien

Googles größte Hindernisse bei der Gewinnung mobiler Internetnutzer ist der mangelnde Komfort im Vergleich zur PC-Nutzung. Kleinere Displays, langsamere Übertragungsraten und eine umständlichere Eingabe längerer Texte stellen Hemmschwellen für die Anwender dar.[71] Um zumindest die Texteingabe zu vereinfachen, arbeitet man an der Realisierung einer eigenen Sprachsteuerung für Android betriebene Mobilgeräte.[72] Unter den Konkurrenten bildet Apple die größte Gefahr, obwohl sich dessen Einfluss aufgrund einer gehobenen Preisstruktur eher auf die wohlhabenden Bevölkerungsstrukturen von Industrieländern beschränkt. Anfang 2011 führt Apple mit seinem Appstore rund 300 000 verschiedene Anwendungen, während Google sich im Bereich von 130 000 Applikationen aufhält, sich jedoch mit 580 % Wachstum gegenüber dem Vorjahreszeitraum stärker steigern konnte als Apple mit einer Zunahme um 170 %.[73] Nokia als der scheidende Marktführer im Bereich der Mobiltelefonfertigung schickt sich zudem an, seine Stellung im Mobilfunkmarkt über eine Kooperation mit Microsoft als Betriebssystemlieferant wieder zu festigen und ein weiterer Konkurrent von Googles Android zu werden.

---

[71] Vgl. Fittkau & Maaß Consulting (2009),
   http://www.izmf.de/download/Studien/Studie_Handynutzung.pdf, Abruf am 6.02.2011.
[72] Vgl. Reischl, G. (2008), S. 103.
[73] Vgl. Protalinski, E. (2011), http://www.techspot.com/news/41914-google-rim-and-nokia-beat-apples-app-store-growth.html, Abruf am 6.02.2011.

4.1.2 Die Vernetzung der Dritten Welt – Konsortium O3B

Um dem Internettraffic zu einem weiteren Anschub zu verhelfen, verfolgt das Konsortium „The Other 3 Billion" die Vernetzung der Dritten Welt und entlegener Regionen der Schwellenländer. Das größte Potenzial liegt hierbei in Afrika, wo 2010 nur 11 % der Bevölkerung über einen Internetzugang verfügten. Da die Verlegung von Kabelleitungen angesichts der dünnen Besiedlungsstrukturen unrentabel ist, plant das Konsortium, dem auch Google angehört, 2013 die Errichtung eines Sattelitennetzes in niedriger Umlaufbahn. Der Verbund aus acht Satelliten soll so weltweit Milliarden weiterer Internetnutzer generieren und niedrige Latenzzeiten sicherstellen.[74]

Um den Markt für die Ankunft der digitalen Vernetzung im Sinne von Google vorzubereiten, ist man zudem in einem weiteren Konsortium namens „One Laptop per Child" (OLPC) vertreten. Die Organisation stellt den afrikanischen Schülern mit einer Grundausstattung versehene Laptop-Computer bereit, die diesen sowohl beim täglichen Lernen hilfreich sein als auch die Rolle des Computers als Informationsquelle vermitteln sollen.[75] Die Rendite aus Googles finanzieller Beteiligung besteht darin, dass die eigene Suchmaske fixer Bestandteil des Rechnerbetriebssystems ist. Afrikas Internetnutzer von morgen verinnerlichen somit die Rolle Googles als Zugangstor zum World Wide Web. Die Bemühungen Googles im OLPC-Konsortium sind mit Microsofts kostenfreien Schullizenzen für das Windows Betriebssystem und Office-Produkte vergleichbar, die darauf abzielen, künftige Haushalte zu treuen Microsoft-Kunden zu machen.

Doch auch in den Industrieländern ist eine weitere Steigerung der Nutzerzahlen möglich, da bspw. 23 % der US-amerikanischen und gar 41 % der europäischen Bevölkerung über keinen Internetzugang verfügen.[76] Um diesen vornehmlich sozial schwachen Haushalten eine digitale Anbindung zu ermöglichen, experimentiert Google in nordamerikanischen Großstädten mit der Einrichtung städteweiter und kostenlos nutzbarer WLAN-Netze. Die Finanzierung ist aber nicht allein durch Google vorgesehen, sondern durch den Betrieb eigener, sich mittels Werbung selbst finanzierender Probenetze soll eine Lawine an Nachahmern ausgelöst werden. Das Projekt ist momen-

---

[74] Vgl. O3B Networks Ltd. (2010), http://www.o3bnetworks.com/AboutUs/about_us.html, Abruf am 6.02.2011.
[75] Vgl. Reischl, G. (2008), S. 137.
[76] Vgl. Miniwatts Marketing Group (2010), http://www.internetworldstats.com/stats.htm, Abruf am 6.02.2011.

tan ausgesetzt, da es bisher nicht gelang, die AdWords Technologie zwecks Refinanzierung zufriedenstellend zu integrieren.

4.2 Einstieg in den Bereich der klassischen Medien

Googles Herausforderung in den klassischen Medien besteht im Gegensatz zu den Wachstumsbestrebungen im Internet nicht darin, neue Nutzergruppen zu akquirieren, sondern die eigenen Werbetechnologien auf andere Medien zu übertragen. Der tägliche Internetkonsum in der Bundesrepublik ist zwar nach Studien der Organisation Deutschland Online (Abbildung 8) über die letzten 10 Jahre von durchschnittlich dreizehn Minuten im Jahr 2000 bis auf 100 Minuten 2010 um mehr als 700 % angestiegen, hat aber die klassischen Medien nicht substituiert, sondern sich als zusätzliche Komponente integriert.

Obwohl ein weiterer Anstieg auf 148 Minuten täglicher Anwendung bis 2015 prognostiziert wird, kann das Internet weder den Hörfunk noch das Fernsehen auf absehbare Zeit ersetzen. Die schiere Größe des über die weltweite Vernetzung verfügbaren Informationsbestandes ist dabei für den Erfolg des Internets Fluch und Segen zugleich. Während Radio- und Fernsehsender für ihre Zielgruppen eine Vorauswahl an Informationen und Inhalten in Form eines festen Programmablaufs treffen, der von den Hörern bzw. Zuschauern nur noch konsumiert werden muss, hat eine Filterung des Informationsangebotes gemäß den eigenen Interessen vom Internetnutzer selbst zu erfolgen.[77] Gerade in unteren Bildungsgruppen stellt das eigenständige Zusammentragen persönlich relevanter Informationen eine Hemmschwelle dar, weswegen der Wunsch nach Unterhaltung überwiegt. Das Fernsehen kann dieses Bedürfnis mit seiner Berieselungswirkung am besten befriedigen und wird infolge auch zukünftig das meistgenutzte Medium bleiben. Wenn Google beabsichtigt, ein Werbeunternehmen zu werden, das seinen Inseraten Reklame in allen relevanten Medien aus einer Hand liefern kann, ist folglich eine Expansion im Bereich von Hörfunk und Fernsehen unausweichlich.

An Werberelevanz gewonnen haben zudem Videospiele, weil diese eine wachsende Rolle im Leben der werberelevanten Konsumentengruppen einnehmen. Besonders Titel aus dem Bereich der Massive Multiplayer Online Role Playing Games wie World of

---

[77] Vgl. Deutsche Telekom AG (2006), http://www.studie-deutschland-online.de/do3/7200.html, Abruf am 6.02.2011.

Warcraft oder Second Life ermöglichen aufgrund der exzessiven Spielzeiten der Teilnehmer eine aussagekräftige Analyse ihrer Charakteristika nach psychologischen Ge-
sichtspunkten. Google will auf der Grundlage der vom Spieler getroffenen Spielent-
scheidungen Charakterprofile erstellen und mit persönlich zugeschnittenen Werbeanzeigen inner- und außerhalb des Spiels verknüpfen.[78]

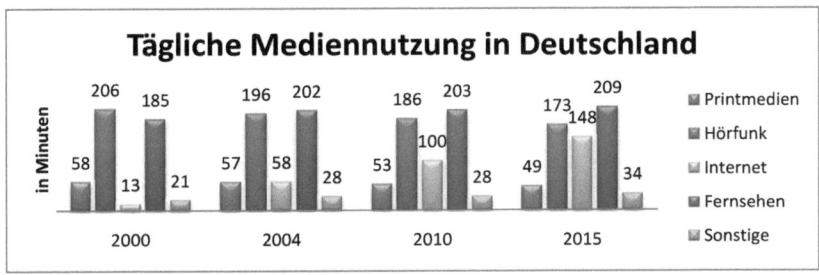

In Anlehnung an: Deutsche Telekom AG (2006),
http://www.studie-deutschland-online.de/do3/7200.html, Abruf am 6.02.2011.
Abbildung 8: Mediennutzung in Deutschland

4.2.1 IPTV als Zukunftsformat

Im Bereich der Fernsehwerbung wurden allein in den USA 2009 65 Milliarden
US-Dollar erwirtschaftet.[79] Um zukünftig hieran Anteil zu haben, will man dem Fern-
sehmarkt mittels des eigenen Videoportals Youtube beitreten. Hierfür soll das Sortiment
aus nutzererstellten Videoclips um professionell erstellte Inhalte großer Film- und Fern-
sehstudios ergänzt werden. Verträge wurden bereits mit NBC, Universal, Bloomberg
und Hallmark abgeschlossen. Über das IPTV-Verfahren soll Youtube auch seinen Weg
auf das traditionelle Fernsehgerät finden, bei dem Google-TV mit der Verbindung von
Online-Medien mit dem Offline-Fernsehen den Anfang gemacht hat. Die Nutzung der
konkreten IP-Adressen würde Google die Datengewinnung hinsichtlich Fernsehkonsu-
menten einräumen und wäre elementar für die Einführung der eigenen Werbeformate.

Bei erfolgreicher Umsetzung der auf Youtube getesteten Technologien zur automatischen Zuordnung von audiovisuellen Inhalten könnten die gleichen Algorithmen zum

---

[78] Vgl. Handelsblatt (o.V.) (2007),
http://www.handelsblatt.com/unternehmen/management/strategie/google-kauft-sich-in-den-markt-fuer-
in-game-werbung-ein/2785008.html, Abruf am 17.02.2011.
[79] Vgl. Kaumanns, R., Siegenheim, V. (2009), S. 210.

Einsatz kommen, um Urheberrechtsverletzungen auszuschließen. Das kontextabhängige Werbesystem Googles könnte die Fernsehwerbung revolutionieren, da Werbepausen mit auf den Zuschauer zugeschnittenen Reklameinhalten gestaltet werden könnten, was dem Kanalwechsel bei Werbeschaltung, dem „Zapping", entgegenwirken würde.

4.2.2 Chancen bezüglich Rundfunk und Printmedien

Die Bemühungen im Bereich des Rundfunks und der Printmedien waren bisher von kurzer Dauer. Hier sollte im Februar 2006 AdSense als Ausgangspunkt für die Werbeform Google Print Ads dienen, bei dem interessierte Werbekunden Inserate in ausgewählten Publikationen wie der New York Times oder Washington Post ersteigern konnten. Im Gegensatz zu AdWords Anzeigen hatten die Kunden bei der Gestaltung innerhalb vorgegebener Richtlinien volle Handlungsfreiheit. Ähnlich konnten seit Januar des gleichen Jahres im Rahmen von Google Audio Ads Werbeplätze im Sendeprogramm der Hörfunkanstalten gebucht werden. Aufgrund der Überlegenheit des Rundfunks als Werbemedium gegenüber den Printerzeugnissen konnte Google hier nur schlechtplatzierte Beiträge aushandeln.[80]

Beide Experimente scheiterten nach wenigen Jahren, da der analoge Charakter der beiden Medien eine ausreichende Datenrückkopplung nicht zuließ. Kompetenzen im Bereich der Erfolgsauswertung von Werbekampagnen mittels Google Analytics konnten daher nicht eingebracht werden und die Ergebnisse waren für die Werbekunden nicht im gewohnten Umfang nachvollziehbar. Fortan konzentrierte man sich im Bereich der Printmedien auf das Produkt Google News, das als internetbasiertes Schlagzahlenportal dem anhaltenden Exodus der Zeitungsverleger ins Internet entgegenkommt und beschränkt Maßnahmen bezüglich des Rundfunksektors auf deren Ableger in Form des Internetradios. Die beiden Alternativen erlauben zwar nur den Zugriff auf einen Bruchteil des in diesen Medien umgesetzten Marketingbudgets, machen diesen aber wegen ihres digitalen Hintergrundes für den vollen Funktionsumfang von Googles Werbetechnologien verfügbar. Ein erneutes Engagement im Rundfunkbereich bzw. Markt für Printerzeugnisse ist erst bei deren erfolgter Digitalisierung zu erwarten.[81]

---

[80] Vgl. Helft, M. (2009), http://www.nytimes.com/2009/01/21/technology/internet/21google.html?_r=2, Abruf am 17.02.2011.
[81] Vgl. Kaumanns, R., Siegenheim, V. (2009), S. 205-207.

4.3 Positionierung im Gesundheitswesen

Der Markt für Gesundheitsfürsorge befindet sich im Umbruch dank der schrittweisen Einführung personalisierter Medizin. Diese Entwicklung bietet Google sowohl die Gelegenheit bei der Umsetzung einer geeigneten Softwareinfrastruktur für den Patienten wie auch bei der Mitwirkung für den Hardwarebedarf der Forschung auf dem Gebiet der DNA-Entschlüsselung. Prämisse für den neuen medizinischen Ansatz ist ein informierter und mündiger Patient, den man mit dem Dienst Google Health unterstützen möchte. Durch eine bessere Vernetzung von Ärzten, Krankenhäusern und Patienten sollen Mehrfachuntersuchungen vermieden werden.[82]

Google könnte zudem eine speziell auf Anfragen mit gesundheitsbezogenem Hintergrund angepasste Suchmaschine anbieten und auch als Vermittler zwischen Online-Apotheken und Patienten agieren sowie das Internet im Ergebnis zum Informationsportal für Gesundheitsfragen werden lassen. Der renommierte Biologe Dr. Craig Venter bemerkte zu dieser Entwicklung: „Hier haben wir die ultimative Schnittstelle von Technologien und Gesundheit, ganz neue Aussichten für alle. [...] In zehn Jahren sollte es durch einen Dienst wie den von Google möglich sein, seinen eigenen genetischen Code und den körperlichen Gesamtzustand zu verstehen."[83]

4.3.1 Die persönliche Krankenakte – Google Health

Ausgangspunkt für Bemühungen im Bereich der Gesundheit soll für Patienten die elektronische Krankenakte Google Health sein. Der Dienst erlaubt es Krankenhäusern, Ärzten wie auch dem Nutzer selbst, Diagnosen, Resultate medizinische Untersuchungen oder verschriebene Medikamente online in der Rechnerwolke, der Cloud Computing Hardware Googles, zu hinterlegen. Zukünftig sollen diese Daten um die persönliche DNA des Anwenders ergänzt werden, was einen online Speicherplatz pro Kunde von mehreren Gigabyte erfordern wird.[84] Sollte sich das Angebot auf gesellschaftlicher Breite durchsetzen, würde es mit mehreren Millionen Nutzern Anforderungen an die IT-Strukturen stellen, für die Google dank seiner bestehenden Rechenzentren und Fähigkeiten im Hinblick auf deren kostengünstigen Ausbau geradezu prädestiniert zu sein

---

[82] Vgl. Reppesgard, L. (2010), S. 197 f.
[83] Vise, D. A. (2006), S. 23.
[84] Vgl. Reppesgard, L. (2010), S. 203.

scheint. Angesichts von Googles Expertise im Bereich vernetzter Rechnersysteme sowie der Entwicklung maßgeschneiderter Software kann angenommen werden, dass die hinterlegten Daten gegenüber externen Hackerattacken denkbar sicher untergebracht sind. Dies trifft allerdings nicht auf deren Integrität gegenüber Google selbst zu, bei dem mit Data-Mining-Bestrebungen immer genauere Profile der Nutzer erstellt werden sollen.

Aufgrund der Sensibilität gesundheitsbezogener Daten bei Missbrauch und privater wie beruflicher Konsequenzen, falls diese Bekannten oder dem Arbeitgeber in die Hände fallen sollten, birgt das Konzept ein hohes Gefahrenpotenzial. Es kann davon ausgegangen werden, dass dies der Grund für die aktuelle Beschränkung von Google Health auf den US-amerikanischen Markt ist, auf dem Datenschutzbedürfnisse schwächer ausgeprägt sind als bspw. in Europa.[85] Da sich allerdings wie im Falle Microsoft mit dem Pendant HealthVault auch die Konkurrenz entsprechend positioniert, dürfte auf lange Sicht von einer Manifestierung solcher Dienste auszugehen sein. Bei einem gewissenhaften Betrieb haben diese das Potenzial, die Gesundheitskosten von jährlich weltweit mehreren Billionen US-Dollar durch die Vermeidung von falsch dosierten oder verschriebenen Medikamenten oder Fehldiagnosen zu senken.

4.3.2 Beteiligung an Unternehmen der DNA-Forschung

Google Health soll jedoch nur die Akzeptanz innerhalb der Bevölkerung gegenüber internetgestützten Angeboten in Gesundheitsfragen erhöhen. Weitaus umfangreichere Pläne verfolgt Google mit Beteiligungen an dem Genome Project des Genetikers George Church und der Biotechnologieunternehmen Navigenics und 23andMe. Man arbeitet an der Umsetzung eines daheim anwendbaren DNA-Tests zu erschwinglichen Konditionen. Die Vision von 23andMe besteht darin, DNA-Untersuchungen zu einem Massenphänomen werden zu lassen und Dialoge in der Gesellschaft bezüglich biologischer Veranlagungen zu initiieren.[86]

Hieraus soll eine Gesellschafsstruktur entstehen, in der Lebensgefährten oder soziale Netzwerke nach DNA-Übereinstimmungen ausgewählt werden. Schlussendlich soll in

Zusammenarbeit mit Google ein Genkatalog entstehen, in dem jeder Nutzer den Bauplan seines Körpers nachschlagen kann. Ungeachtet dessen, welche gesellschaftlichen Veränderungen durch eine Offenlegung des DNA-Pools tatsächlich zu erwarten wären, bestünde in einem regen Interesse nach DNA-Tests eine Chance auf ein neues Geschäftsmodell für Google.

Die Berechnungen im Rahmen der Untersuchungsauswertung und der erforderliche Speicherplatz für die anschließende Archivierung der Daten haben astronomische Dimensionen. Die Googleware ist das einzige Computernetzwerk mit ausreichend Kapazitäten, um ein solches Projekt zu stemmen und Google hofft, der Biotechnologiebranche sowohl im Bereich der DNA-Entschlüsselung als auch der personalisierten Medizin ihre Überkapazitäten entgeltlich zur Verfügung stellen zu können. Durch einen konstanten Verarbeitungsbedarf von Rohdaten könnte ein zweites Standbein neben der Werbung geschaffen werden.[87]

4.4 Cloud Computing – Software aus der Steckdose

Nicht nur die Biotechnologie, auch Privatanwender und Unternehmen anderer Branchen sollen künftig von der Googleware Gebrauch machen. Die Expertise im kostengünstigen Aufbau und Betrieb von IT-Infrastruktur soll durch die flexible Vermittlung von Rechenleistung zu einer weiteren Einnahmequelle ausgebaut werden. Hierbei können Googles Bemühungen in drei Sektoren aufgeteilt werden. Privatanwender sollen durch klassische Office-Programme wie Tabellenkalkulation, Textverarbeitung oder Präsentationssoftware im Rahmen des kostenlosen Google Docs Angebotes für Cloud Computing begeistert werden.[88]

Grundlage hierfür ist der firmeneigene Browser Google Chrome, der die PC-Hardware des Nutzers in größerem Umfang in die Rechenarbeiten mit einbindet, als dies die Konkurrenz wie der Internet Explorer oder Mozilla Firefox es kann. So wird die Nutzung verhältnismäßig komplexer Anwendungen durch aktuell verfügbare Internetanbindungen ermöglicht. Die Neuentwicklung Google Gears erlaubt dabei die durchgehende Bearbeitung der erstellten Dokumente ohne eine ständige Internetverbindung und synchronisiert den Status der Dokumente mit deren digitalen Kopien innerhalb der Rechenwol-

---

[87] Vgl. Reppesgard, L. (2010), S. 202 f.
[88] Vgl. Lowe, J. (2010), S. 225 ff.

ke bei der nächsten Interneteinwahl. Google GDrive ermöglicht dem Anwender zudem eine Sicherungskopie des PC-Systems in der Googleware abzulegen, das sämtliche Daten für eine Systemwiederherstellung im Falle eines Ausfalles der lokalen Hardware bevorratet.[89]

Grundsätzlich sollen alle für den Endanwender entwickelten Programme auch für Unternehmen zum Einsatz kommen, allerdings gegen Entgelt und in einer um diverse Ausstattungsmerkmale erweiterten Fassung. Denkbar wäre auch ein Absatzmodell, bei dem Google potenziellen Werbekunden die entsprechenden Cloud Dienste kostenlos überlässt und im Gegenzug die Verwaltung ihres Marketingbudgets übernimmt. 2005 wurden von Unternehmen nur 16 % der eingekauften Software tatsächlich verwandt, weswegen man sich mit einer Erfolg versprechenden Strategie positioniert hat, die den jeweiligen IT-Abteilungen ein eklatantes Einsparungspotenzial bietet.[90]

Googles Erfahrung in der Datenanalyse und deren Aufbereitung bilden aber nicht nur die Grundlage für den Erfolg der eigenen Suchmaschine. Die Politik der Verschlossenheit in Bezug auf die internen Abläufe und den Umfang der Datenaufbereitung, die eigentlich das Ziel verfolgt, die unmittelbare Konkurrenz im Unklaren über die eigenen Fähigkeiten zu lassen, sorgt zugleich für Unbehagen bei potenziellen Geschäftskunden. Diese riskieren bei Ablage ihrer Daten auf den Servern Googles die Preisgabe kritischer Unternehmensinterna. Guy Gresse von der Burton Group äußerte sich diesbezüglich: „Man ist skeptisch, weil man weiß, wie gut Google Daten analysieren kann. Die Sorge ist: Was passiert, wenn sie unsere Firmendaten analysieren und dann alles über uns wissen?"[91]

Nach Marktstudien des Magazins Computerwoche von 2010 (Abbildung 9) besitzt sogar der Marktführer IBM nur das Vertrauen von 43,71 % der Befragten, wohingegen das Urteil für Google mit 11,21 % vernichtend ausfällt und man damit als Letzter im Ranking abschneidet. Anlässlich Googles anhaltender Bemühungen, den Umfang der Speicherung von Nutzerdaten und deren Auslese noch auszubauen, ist auch zukünftig von keinem Erfolg im Cloud Computing mit Geschäftskunden auszugehen.

---

[89] Vgl. Google Inc. (2011e), http://www.google.com/apps/intl/en/business/cloud.html, Abruf am 9.02.2011.
[90] Vgl. Kaumanns, R., Siegenheim, V. (2009), S. 295.
[91] Reppesgard, L. (2010), S. 228 f.

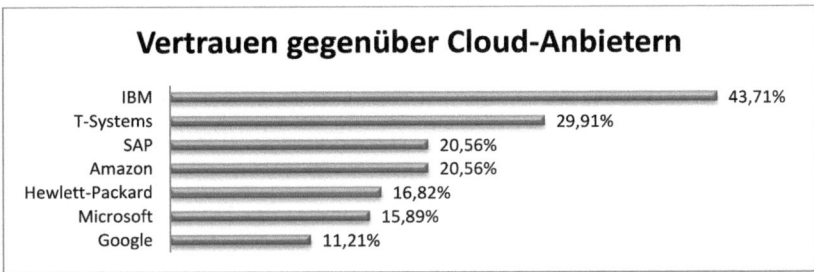

In Anlehnung an: Hackmann, J. (2010), http://www.computerwoche.de/management/cloud-computing/1938019/index3.html, Abruf am 8.02.2011.
Abbildung 9: Vertrauen gegenüber Cloud-Computing-Dienstleistern

4.4.1 Angriff auf Microsoft

Im Konkurrenzkampf zwischen Microsoft und Google verläuft die Front direkt zwischen den wichtigsten Geschäftsmodellen der beiden Kontrahenten. Microsoft verbleibt mit seinem Produkt Bing der letzte ernstzunehmende Gegenspieler im Bereich der Suchdienste, während Google mithilfe der Fähigkeiten des Cloud Computings versucht, die von den Windows Betriebssystemen verteidigte Ära geschlossener PC-Systeme zu beenden.[92]

Die über Internetbrowser zugängigen und kostenlosen Angebote Googles im Bereich einfacher Anwendungen wie Google GMail, Calendar, Talk oder iGoogle werden über das Betriebssystemderivat Google Chrome um die genannten Office-Programme der Google Docs erweitert. Ausgangspunkt für die Cloud-Computing-Kunden ist aber nicht der Browser Chrome, sondern immer noch das Betriebssystem Windows. Google unterliegt deshalb der stetigen Gefahr, dass Microsoft die Bearbeitung von Online-Inhalten direkt über die Desktopmaske verfügbar macht und das Windows Betriebssystem mit dem Internet verschmelzen lässt. Über das Textverarbeitungsprogramm Word verfasste Dokumente könnten bspw. direkt in das eigene Facebook Konto geladen oder Interclips über den Windows Media Player betrachtet werden.

Die Verwendung von Internetbrowsern, die für Googles Marktstellung von entscheidender Bedeutung sind, würde für die implementierten Anwendungen überflüssig. Entsprechende Planungen Microsofts waren mit einem gescheiterten Übernahmeversuch

---

[92] Vgl. Brandt, R. L. (2010), S. 160.

Yahoos verbunden gewesen, bei dem der Softwaregigant bis zu 47,5 Milliarden US-Dollar geboten hatte.[93] Branchenkenner wie der renommierte Journalist Richard L. Brandt gehen davon aus, dass Google dem anhalten Bedrohungspotenzial durch den Ausbau der Android Plattform zu einem vollwertigen PC-Betriebssystem begegnen wird.[94] Ein Tochterunternehmen von Android Entwicklungspartner Motorola hat bereits einen Mikrochip vorgestellt, der die Plattform auf Netbooks lauffähig macht. Auch der Browser Chrome bringt die technischen Voraussetzungen mit sich, um zu einem umfassenden Betriebssystem verfeinert zu werden.

Google dürfte bei der Realisierung eines solchen Vorhabens gute Marktaussichten bei Endverbrauchern haben. Ein System mit schlanker Architektur, das für einen Großteil der anfallenden Berechnungen auf die Googleware zurückgreift, wäre nicht nur durch geringe Hardwareanforderungen günstig in der Anschaffung, sondern würde einen für Privatanwender ausreichenden Funktionsumfang mithilfe von kostenlos nutzbaren Diensten Googles bieten. Der Nutzer zahlt aber als weitere Preiskomponente mit der Aufgabe seiner Privatsphäre, denn die Erledigung aller computerrelevanten Aufgaben mittels Googles Angeboten macht diesen für die Datenkrake aus Mountain View komplett transparent.[95]

4.4.2 Konkurrenz mit Amazon

Die Tätigkeitsfelder Googles und des Onlinehändlers Amazon berühren sich nicht nur beim Vertrieb von E-Books, durch den im Rahmen der Google Books Entwicklung hervorgegangenen Dienstes Google Editions, sondern auch als Konkurrenten im Cloud Computing. Amazon erkannte früh die ungenutzten Reserven seiner Rechnerarchitektur, die sich aus einer saisonal schwankenden Nachfrage ergaben. Zudem bestand der Wunsch, die Anschaffungskosten für Amazons Unternehmensverwaltungssoftware zu senken, indem die entsprechenden Programme auch externen Interessenten angeboten werden sollten. Amazons Gründer Jeff Bezos sagte hierzu: „Zuerst haben wir die Dienste für uns selber gebraucht. Dann haben wir uns gedacht, wenn wir diese Dienste benö-

---

[93] Vgl. Capital Online (o.V.) (2008), http://www.capital.de/unternehmen/100017396.html, Abruf am 10.02.2011.
[94] Vgl. Brandt, R. L. (2010), S. 155 ff.
[95] Vgl. Reppesgard, L. (2010), S. 227 f.

tigen, dann brauchen anderen Internetseiten sie auch. Das kam gut an, und deswegen haben wir uns entschlossen, daraus ein komplett neues Geschäft zu machen."[96]

Seit 1999 ist Amazon im Cloud Computing vertreten und zeichnet sich mit seinem Angebot durch Flexibilität und Individualisierbarkeit aus, was es dem Onlinehändler trotz ebenfalls bescheidener Vertrauenswerte gegenüber der Datenintegrität erlaubt, die Vermarktung seines Konzepts erfolgreich zu betreiben. Die Kunden können mittels eines Baukastenprinzips Dienste wie Amazon simple Storage Service, Amazon CloudFront oder Amazon SimpleDB entsprechend ihren Wünschen kombinieren, während Google auf vorgestaltete Dienste setzt. Die Zielgruppen können klar abgegrenzt werden, denn Amazon bedient mit seinen Verwaltungsprogrammen und Datenbanklösungen kleine und mittlere Unternehmen, während Google den Endanwender erreichen möchte.[97]

4.4.3 Google Wave

Ein weiteres Produkt, mit dem man die externe Nutzung der Googleware beleben wollte, ist Google Wave. Das im Mai 2009 vorgestellte System erlaubt internetbasierte Kommunikation und Gruppenarbeit in Echtzeit und wurde auf Open Source Basis entwickelt. Der Dienst zeigt, wie Google versuchte einen fließenden Übergang zwischen privater und beruflicher Verwendung von Cloud Produkten zu schaffen, da Google Wave sich sowohl als Online-Kommunikationsplattform eines Freundeskreises eignet wie auch zur Bearbeitung von Dokumenten, z. B. für unternehmerische Projekte, bei denen die Mitglieder örtlich voneinander getrennt sind.[98]

Google wollte mit dem geschaffenen Angebot nur einen Ausblick darauf geben, was die Wave Technologie imstande zu leisten ist und freie Programmierer aufgrund des Open Source Charakters dazu motivieren, eigene Anwendungen für das System zu entwerfen, die wiederum auf der Googleware implementiert werden sollten. Langfristig verfolgte man eine ähnliche Strategie wie bei den Android Apps oder den auf Google Maps basierenden Addons, eine sich selbstversorgende Community zu erschaffen, in der Google sich lediglich als Bereitsteller der IT-Infrastruktur einbringt.

---

[96] Kaumanns, R., Siegenheim, V. (2009), S. 349 f.
[97] Vgl. Amazon Inc. (2011), http://aws.amazon.com/de/ec2/, Abruf am 10.02.2011.
[98] Vgl. Stöcker, C. (2009), http://www.spiegel.de/netzwelt/web/0,1518,653372,00.html, Abruf am 21.02.2011.

5 Streitpunkte, Herausforderungen und Missbrauchsgefahren

5.1 Rechtliche Hindernisse

Nicht nur aufgrund der professionell betriebenen Datenspeicherung und deren Auswertung, sondern auch wegen des wirtschaftlichen Einflusses als viertwertvollstes Technologieunternehmen der Welt nach IBM, Apple und Microsoft rückt Google zunehmend in den Fokus von Verbraucherschützern, Datenschutzbeauftragten und Bürgerrechtsbewegungen. Mit der Monopolstellung im Bereich der Internetsuche geht ein entsprechender Einfluss als Meinungsmacher des Internets einher. Von Google wird aufgrund seiner unangefochtenen Stellung als Informationsvermittler des digitalen Zeitalters gefordert seine Inhalte den Nutzern allumfassend und unkommentiert zur Verfügung zu stellen, damit jene sich eine objektive Meinung zu einem Sachverhalt selbst bilden können. Die Verantwortlichen in Mountain View bewegen sich hierbei auf einem schmalen Grad zwischen unterschiedlichen Ansprüchen verschiedener Kulturräume.[99]

So fanden sich auf dem hauseigenen Videoportal Youtube bereits Videos mit Kritiken politischer Gegner des türkischen Staatsoberhauptes Attatürk oder satirisch angehauchte Videoclips hinsichtlich des thailändischen Königs. In beiden Fällen sind die Beiträge von der freien Meinungsäußerung abgedeckt, entsprechende staatliche Stellen der betroffenen Länder forderten aber deren Löschung. Wie Google im Zweifelsfall auch entscheidet, es kann nicht allen Beteiligten recht gemacht werden. Hiermit eng verbunden sind auch vom kulturellen Hintergrund abweichende Zensurvorstellungen.[100]

Bedenken bezüglich des Datenschutzes und der Wahrung der Privatsphäre werden vornehmlich von der diesbezüglich opportunistisch eingestellten Europäischen Union geäußert. In den USA wird vor allem von Erzfeind Microsoft eine Diskussion um die Einschränkung der Vorratsdatenspeicherung von Nutzerdaten der Suchmaschinen angefacht. Microsoft kann eine etwaige Senkung der Suchergebnisqualitäten nur gelegen sein, da es eigene Angebote in diesem Segment nur betreibt, um Google zu behindern und eine Schwächung von Googles Kerngeschäft durch strengere Auflagen automatisch den Konkurrenten aus Seattle stärken würde.

---

[99] Vgl. Röhle, T. (2010), S. 29 ff.
[100] Vgl. Lowe, J. (2010), S. 172 f.

Googles Bestrebungen, seinen Anwendern alle Informationen der Welt unentgeltlich zur Verfügung stellen zu können, kollidiert unweigerlich mit den Vorstellungen des Urheberrechts. Googles Opt-out-Strategie, sowohl bei Street View als auch bei Google Books, hat dabei den Dialog mit den Beteiligten von vornherein untergraben. Demnach wird unterstellt, dass grundsätzlich jeder mit der Einführung neuer Google Dienste und etwaigen Mitwirkungen bei diesen einverstanden ist und sich bei anderweitigen Voraussetzungen optional aus dem Dienst entfernen lassen kann, bspw. durch die Unkenntlichmachung des eigenen Grundstücks bei Googles Street View Feature auf Anfrage.[101]

Weitere rechtliche Unklarheiten ergeben sich für Google im Bereich der unberechtigten Verbreitung geistigen Inhalts, vornehmlich im akademischen Umfeld, im Rahmen der Förderung einer Copy-Paste-Gesellschaft und bei einer drohenden Aufhebung der Netzneutralität, die für Telekommunikationsfirmen eine finanzielle Entschädigung aufseiten der Internetunternehmen je nach verursachtem Traffic vorsieht. Für einen Besuchermagneten wie Google wäre dies ein finanzielles Desaster. Nicht zuletzt wegen dieser Gefahren wurde der Lobbyismus vonseiten Googles massiv ausgebaut.[102]

5.1.1 Europäische Union

Aus den öffentlichen Stellen Europas weht Google ein kalter Wind entgegen, denn ein Schutz von privaten Daten ist hier weltweit am weitesten ausgeprägt. Die Europäische Union sieht die Sorglosigkeit von Jugendlichen im Umgang mit sozialen Netzwerken und die bedenkenlose Preisgabe pikanter Inhalte in ein Medium, das niemals vergisst, mit Sorge. Google hat sich zudem mit der beschriebenen Opt-out Vorgehensweise vor allem bei deutschen Regierungsstellen unbeliebt gemacht. Etappenweise erfuhren die Öffentlichkeit und Politiker dass nicht nur Bildmaterial bei Street View Fahrten gesammelt worden ist, sondern auch private WLAN-Netze ausspioniert wurden. Der Datenschutzbeauftragte der Bundesregierung, Peter Schaar, äußerte sich im April 2010 zur Street View Affäre: „Es stellt sich die Frage, wie wir weiter mit Google umgehen, wie glaubwürdig die Erklärungen des Unternehmens sind."[103] Um den Datenschutz in Europa künftig nicht mehr zufälligen Entwicklungen zu überlassen, hat man die

---

[101] Vgl. ebd., S. 191 f.
[102] Vgl. Kaumanns, R., Siegenheim, V. (2007), S. 181 ff.
[103] Reppesgard, L. (2010), S. 184.

Artikel-29-Gruppe ins Leben gerufen, die eine schrittweise Harmonisierung des europäischen Datenschutzes innerhalb der Mitgliedstaaten herbeiführen soll.[104]

5.1.2 Problemfall China

Das befristete Engagement in China von 2006 bis 2010 ist untrennbar mit der chinesischen Zensur verbunden, konnte dabei aber nicht die erhofften Marktanteile im Reich der Mitte sichern, die im besagten Zeitraum bei 24 % einfroren; dies war zugleich ein Imagedämpfer für die erfolgsverwöhnte Führungsriege in Mountain View. Nutzer vom chinesischen Festland konnten die Google Suche nur für von der staatlichen Aufsicht zugelassenen Themenfelder verwenden.[105] Dabei war Googles Vorgehen auf dem chinesischen Markt unternehmerisch sinnvoll, um sich dem wirtschaftlichen Potenzial der Region nicht zu verschließen, steht dabei jedoch im Konflikt zu der propagierten Unternehmenskultur „Don't be evil". Hätte Google sich den chinesischen Vorgaben widersetzt, wäre der Suchdienst von den staatlichen Stellen komplett geblockt worden und hätte keinerlei gesellschaftlichen Einfluss mehr geltend machen können. Googles Sprachrohr in rechtlichen Angelegenheiten, Nicole Wong, äußerte sich anlässlich der staatlichen Zensur: „Durch die Blockade [von google.com] in China steht man nicht nur draußen und schimpft, sondern man steht draußen und schimpft und keiner kann einen hören."[106]

Google konnte es wirtschaftlich nicht zulassen, dem chinesischen Markt, der heute schon 380 Millionen Internetnutzer zählt, den Rücken zu kehren, obwohl die Marktaussichten durch die Dominanz des lokalen Suchmaschinenanbieters Baidu fragwürdig waren.[107] Die Anhänger der ersten Stunde, die von den hehren Absichten des angeblich nicht rein kommerziell motivierten Unternehmens überzeugt waren, forderten seit Beginn der Zensur in China, dass Google seine Rolle als Zugangstor zum Internet geltend macht und der Indizierung die Stirn bietet.

Zu einem zaghaften Vorstoß dieser Form kam es Anfang 2010, als die Google Mailkonten chinesischer Menschenrechtler attackiert worden waren. Google Funktionäre ver-

---

[104] Vgl. EU-Kommission (2010), http://ec.europa.eu/justice/policies/privacy/docs/wpdocs/tasks-art-29_en.pdf, Abruf am 3.02.2011.
[105] Vgl. Brandt, R. L. (2010), S. 119.
[106] Ebd., S. 117.
[107] Vgl. Aldenrath, P. (2010), http://www.tagesschau.de/ausland/google234.html, Abruf am 8.02.2011.

dächtigten den chinesischen Geheimdienst als Initiator und man entschied sich, nicht mehr mit der Zensur zusammenzuarbeiten. Im mit Sonderrechten ausgestatteten Hong Kong wurde der Suchdienst neu errichtet und bietet den Einwohnern der Freihandelszone seither unmanipulierte Suchergebnisse. Für Chinesen des Festlandes bleiben unerwünschte Themen aufgrund der staatlichen Firewall weiterhin unerreichbar.[108]

5.2 Gefährdung der Unternehmensidentität

Aufgrund des anhaltenden Erfolges des Unternehmens im Bereich der Internetsuche und des damit verbundenen Wachstums bei den Marketingangeboten wie auch des sich weiterhin aufblähenden Portfolios an Diensten hat Google die Reihen der Start-Up-Gesellschaften schon vor Jahren verlassen. Als eines der fünf einflussreichsten Technologieunternehmen weltweit ist man im Establishment angekommen und hat keinen Anspruch mehr auf eine Außenseiterstellung. Diese Veränderungen nagen am hippen Image Googles, das für die Beliebtheit und Nutzerfrequenz von entscheidender Bedeutung ist und sorgen für die gleichen Vorurteile, mit denen auch Microsoft infolge seiner Ausnahmestellung bei Betriebssystemen zu kämpfen hat. Larry Ponemon, der Autor einer Studie zu Unternehmensvertrauen in der Öffentlichkeit, äußerte sich gegenüber dem San Francisco Cronicle: „Einfach ausgedrückt, denken die Leute, die Unternehmen sind groß und sammeln Daten, also muss es ein Problem geben."[109]

Die anhaltende Diversifizierung in unterschiedlichste Tätigkeitsfelder lässt das Unternehmen an Charakter verlieren und zu einem Technologiekonzern untern vielen werden, weswegen man Gefahr läuft, die einzigartige Identität zu verlieren, die aus der von den Gründern geschaffenen Unternehmenskultur und moralischen Grundsätzen Googles hervorgegangen ist. So sind 25 % der gestellten Suchanfragen pornografischen Hintergrunds, womit man den größten Internetzugang zur Pornografie stellt und Google in ein zweifelhaftes Licht rückt. Sowohl die anhaltende Umstrukturierung der Unternehmensorganisation als auch die durch mangelnde Öffentlichkeitsarbeit resultierenden Image-Fehlschläge stellen die Hauptprobleme hinsichtlich der Gefährdung der Unternehmensidentität dar.[110]

---

[108] Vgl. Lowe, J. (2010), S. 189 ff.
[109] Brandt, R. L. (2010), S. 131.
[110] Vgl. Batelle, J. (2006), S. 276 ff.

5.2.1 Image-Fehlschläge

In Anbetracht der Ausmaße des Google Konzerns mit einer Marktkapitalisierung von 144 Milliarden US-Dollar (Stand 9.02.2011) und einer Belegschaft von mehr als 20 000 Mitarbeitern wirkt es für Außenstehende auf den ersten Blick unverständlich, wie eine Gesellschaft dieses Formats über nur unzureichende Fähigkeiten in der Öffentlichkeitsarbeit verfügen kann. Nahezu jede Produkteinführung der letzten Jahre von Google Mail über Google Books bis zu Street View endete für das Unternehmen mit bedenklichen gesellschaftlichen Auseinandersetzungen, weil die Geschäftsführung in Mountain View den Bedenken der Öffentlichkeit keine angemessene Beachtung geschenkt hat.[111]

Das fehlende Feingefühl Googles im Umgang mit sensiblen Themen wie Privatsphäre oder Datenschutz ist das Ergebnis der Mentalität der Gründer. Die einzige Barriere des Fortschrittsdrangs von Lawrence Page und Sergey Brin ist nicht die gesellschaftliche Erwartungshaltung, sondern das technisch Machbare. Da die Mitarbeiterzugänge seit Bestehen Googles von den Gründern selbst ausgewählt werden, um eine Belegschaft von Gleichgesinnten aufzubauen, hat sich der Googleplex in Mountain View zu einem Elfenbeinturm entwickelt. Die Digitalisierung der Gesellschaft mit omnipräsentem Zugriff auf jedwede Information kann nach Googles Wunschvorstellung nicht schnell genug erfolgen. Die im Rahmen dieser Vision entwickelten Produkte treffen regelmäßig auf eine Öffentlichkeit, die aufgrund der Geschwindigkeit der Umwälzungen überfordert und verängstigt ist und Googles Absichten nicht deuten kann.[112]

Bei der Einführung von Google Mail 2005 war man in Mountain View perplex angesichts der Kritiken, die den Dienst als datenschutzfeindlich zerrissen haben und von einer Verwendung eindringlich abrieten, hatte man doch einen konkurrenzlos ausgestatteten und kostenlos nutzbaren E-Mail Clienten geschaffen. Das Scannen der eingehenden und verfassten E-Mail-Texte sollte laut Google der Verbesserung der Reklamerelevanz und der Dienstqualität zugutekommen. 2007 hatte man mithilfe von Street View dreidimensionale Straßenfahrten ganzer Großstädte ermöglicht und war wiederum überrascht, dass sich vor allem in Deutschland Menschen in ihrer Privatsphäre bedroht fühlten. Infolge der unbedarften Einführung der neuen Produkte, die oftmals

---

[111] Vgl. ebd., S. 233 f.
[112] Vgl. Reppesgard, L. (2010), S. 179 ff.

wegweisende Möglichkeiten eröffneten, wird das Potenzial für eine flächendeckende Akzeptanz der Dienste geschmälert. Die Welt, wie Google sie sehen will und wie sie von der Öffentlichkeit tatsächlich gesehen wird, klafft stetig auseinander.

Das Image Googles wird zudem durch eine Doppelmoral belastet. So propagiert man die Betrachtungsmöglichkeiten Street Views und gibt sich unverständlich gegenüber öffentlichen Bedenken, während gleichzeitig Google Manager ihre eigenen Anwesen mit als Erste haben unkenntlich machen lassen. Die Reporterin Elinor Mills der Newsplattform CNET sammelte 2005 mittels der Google Suchmaschine private Details des damaligen Google CEO Eric Schmidt und veröffentlichte diese in einem Artikel. Aufseiten Googles gab man sich ungehalten über die Arbeiten der Journalistin und sprach eine temporäre Verbannung gegen sie in Bezug auf den Suchdienst aus.[113] Beispiele dieser Art zeigen, dass Googles Image aufgrund einer unglücklichen Öffentlichkeitsarbeit unter einem steten Druck steht und man aus Fehlern der Vergangenheit nicht gelernt hat.

5.2.2 Entwicklung klassischer Unternehmensstrukturen

Die Expansionen der letzten Jahre haben bereits für die Etablierung klassischer Unternehmensstrukturen in den kaufmännischen Bereichen Googles wie dem Anzeigenverkauf oder der Verwaltung gesorgt. Schon der vom ehemaligen CEO Eric Schmidt im Rahmen des Börsengangs 2004 initiierte Wandel der Managementstrukturen hatte zu Änderungen geführt, nach denen viele Googler der ersten Stunde ihr Unternehmen nicht wiedererkannten. Eric Schmidt äußerte sich im Hinblick auf die traditionelle Organisation des Tagesgeschäfts: „Einzigartig sind wir nur bei der Entwicklung unserer Produkte, aber das ganze übrige Geschäft wird auf übliche und herkömmliche Art abgewickelt. Das Ergebnis haben wir durchaus im Auge. Wir prüfen jede Viertelstunde: Wie stehen wir da?"[114]

Die von den Gründern zelebrierte Rundumversorgung der Belegschaft des Googleplex hat nach ihrer Meinung überhandgenommen und der Abbau von unternehmensinternen Sozialleistungen zeigt, dass Google zu einer kostenbewussten Unternehmung geworden ist. Die Aufbruchsstimmung, mithilfe einer Finanzierung von einigen Millionen

---

[113] Vgl. Reischl, G. (2008), S. 8.
[114] Vise, D. A. (2006), S. 254.

US-Dollar eine neue technische Innovation zu etablieren und mittels IPO über Nacht zum Millionär zu werden, ist dem Jonglieren mit Milliardenbeträgen und behutsamen Kurssteigerungspotenzialen gewichen. Spitzenkräfte im IT-Bereich finden zunehmend ihren Weg zu den Start-Ups der Neuzeit à la Facebook, dessen Wachstumspotenzial ungleich höher ist. Der Verlust der Unternehmensidentität aufgrund der Metamorphose zu einem gewöhnlichen Unternehmen lässt Google an Attraktivität für junge Freigeister der Informationstechnologie einbüßen und an Charme aufseiten der Endanwender verlieren.

5.3 Die Datenkrake – „Google is watching you"

Die Dossiers, die im Rahmen der Datensammlung von den eigenen Nutzern angelegt werden, sind die umfangreichsten ihrer Art. Google weiß über seine Anwender, welche Anzeigen diese anklicken, nach welchen Suchbegriffen diese gesucht haben und auf welche Internetseiten diese im Anschluss gewechselt sind. Sollten personalisierte Dienste ebenfalls Verwendung finden, bekommen die bloßen Reihen an protokollierten IP-Adressen ein Gesicht.[115] Bei Google Mail hat man Kenntnis über die Inhalte der in E-Mail-Texten dargelegten Sachverhalte, bei Google Calendar über die Tagesgewohnheiten oder bei Google News über die Interessengebiete des Nutzers. Je mehr Dienste Google Anhänger mit dem gleichen Google Mail Konto verbinden, desto genauer wird deren Bild, das für sich die Werbeanalysten Googles abzeichnet.[116]

Anfangs bestand die Absicht, die Datenberge auf unbegrenzte Zeit zu archivieren. Auf anhaltenden Druck von Datenschützern sind die Speicherfristen ab Anfang 2007 auf 18 Monate und seit 2008 auf 9 Monate gesenkt worden.[117] Von einer weiteren Reduzierung sieht Google ab, da der aktuelle Zeitraum als notwendig erachtet wird, um die Anwendungen für die Nutzer in gewohnter Effektivität bereitstellen zu können und eine ausreichende Datenbasis zur Abwehr von Brootforce-Attacken auf die Server der Googleware zu besitzen. Die Vizepräsidentin von Google, Nicole Wong, meinte hierzu: „Es ist eine Tatsache, dass der, der uns heute erfolgreich attackiert, dies vermutlich seit zwei Jahren versucht hat. Wenn wir nun die Protokolle über einen längeren Zeitraum

---

[115] Vgl. Batelle, J. (2006), S. 233
[116] Vgl. Lowe, J. (2010), S. 178 f.
[117] Vgl. Dirscherl, H.-C. (2008), http://www.pcwelt.de/news/Datenschutz-Google-verkuerzt-Speicherzeit-von-IP-Adressen-252447.html, Stand: 8.02.2011.

zurückverfolgen, können wir das heutige Muster aufspüren. Wir können alle wiederkehrenden Elemente eines Angriffes herausfiltern."[118]

Dabei können die Zugeständnisse gegenüber Datenschützern ohnehin als Augenwischerei abgetan werden, denn die von Google selbstgesetzten Speicherfristen erneuern sich mit jeder weiteren Nutzung eines Google Dienstes oder der Suchmaschine und die klare Mehrheit der Internetnutzer wird aus Bequemlichkeit nicht einmal eine Woche auf die gewohnten Anwendungen verzichten wollen.

Google kann unterstellt werden, dass es ohne Druck von außen keinerlei Interesse daran haben dürfte, seine Verfahren zur Datenerhebung, die die Grundlage für den Erfolg des lukrativen Werbemodells darstellen, einzugrenzen. Allerdings handelt es sich hierbei um eine in der Technologiebranche und im Speziellen bei internetbasierten Unternehmen gängige Vorgehensweise, um Kundenfeedback zu erhalten.

Auch Konkurrenten wie Microsoft, Amazon oder Apple sammeln Informationen über ihre Nutzer im für sie größtmöglichen Umfang. Google hat das Data Mining lediglich perfektioniert und lässt seine Mitbewerber diesbezüglich weit hinter sich. Mit seinem alle Tätigkeitsbereiche des Internets umfassenden Produktportfolio ergibt sich durch die Zusammenlegung der Erkenntnisse aus verschiedenen Unternehmensbereichen Stück für Stück das allumfassende Bild über den Nutzer, was die weniger breit aufgestellten Kontrahenten nicht nachahmen können.

5.3.1 Datenintegrität und Missbrauchspotenzial

Obwohl Googles Integrität im Umgang mit den Datenbeständen bisher fehlerfrei ist, stellt sich für Skeptiker die Frage, ob dies auch zukünftig noch der Fall sein wird. Googles Zusagen, die gesammelten Nutzerinformationen nicht an Dritte weiter zu veräußern und nur für interne Zwecke zu verwenden, beruhen lediglich auf einem Lippenbekenntnis der Führungsriege um Eric Schmidt, Lawrence Page und Sergey Brin und unterliegen keinem gesetzlichen Zwang.

Die Telemarketing Branche, Spammer oder Junkmail Versender werden auch künftig ein andauerndes Interesse daran haben, an Googles Datenschatz zu gelangen, ebenso

---

[118] Brandt, R. L. (2010), S. 126.

wie jedes andere Unternehmen, das in direktem Kontakt zum Endverbraucher steht. Für eine konstante Nachfrage ist daher gesorgt und es bleibt abzuwarten, ob Google auch an seinen bisherigen Grundsätzen festhält, falls im Unternehmen ein Führungswechsel vollzogen wird oder das Kerngeschäft mit der kontextbasierten Reklameschaltung einbricht und die Unternehmung unter Kapitalnot leidet. Es besteht ebenfalls die Gefahr, dass Google seine Daten unter rechtlicher Anordnung im Einzelfall freigeben muss. Während staatliche Exekutivorgane lediglich von bereits straffällig gewordenen oder verdächtigen Individuen detaillierte Profile angelegt haben, besitzt Google eine solide Informationsbasis über den gesamten mit Internet ausgestatteten Bevölkerungsteil.

Die herrschenden politischen Gruppen in den USA haben nach dem 11. September 2001 im Rahmen der Anti-Terror-Bemühungen mit dem Patriot Act gezeigt, dass Bürgerrechte ohne großen Aufschrei der Bevölkerung eingegrenzt werden können. Die Behörden zur Verbrechensbekämpfung der USA könnten schnell in Versuchung kommen, Google als die größte Detektei der Welt für ihre Arbeiten per richterlichen Beschluss zurate zu ziehen.[119] Brad Templeton von der Bürgerrechtsbewegung der Electronic Frontier Foundation bestätigt: „Der Krieg gegen den Terror hat die Regeln dessen, was im Bereich Bürgerrechte möglich ist, umgeschrieben."[120]

Das Missbrauchspotenzial, das die gesammelten Datensätze derweil bergen, ist gewaltig. Internetnutzer halten sich in den Weiten des World Wide Webs meist für anonym und nehmen Dienstleistungen wahr, bei deren öffentlicher Kenntnisnahme sowohl private als auch berufliche Konsequenzen drohen könnten. Anwenderprofile mit Informationen über die regelmäßige Inanspruchnahme von Seitensprungagenturen oder illegalen Glücksspielen sind in falschen Händen genau so geeignet eine Person unter erpresserischen Druck zu setzen wie der erfolgte Download von rechtlich geschützter Musik mittels Tauschbörsen oder der regelmäßige Besuch von Homepages politischer Randgruppen.[121] Aber auch Dienste, die in Bezug auf die gesellschaftlichen Normen unbedenklich sind wie Google Health, Blogs oder Community-Boards beinhalten dank Googles Nutzerdatenspeicherung Gefahren. Personalleiter in Unternehmen hätten sicherlich Interesse daran, einen Einblick in die digitalen Krankenakten ihrer Bewerber

---

[119] Vgl. Batelle, J. (2006), S. 237 ff.
[120] Reppesgard, L. (2010), S. 272.
[121] Vgl. Lowe, J. (2010), S. 239 ff.

oder Angestellten zu erhalten, die diese in gutem Vertrauen Jahre zuvor bei Google Health angelegt und offiziell vielleicht schon den Dienst vor langer Zeit gekündigt haben. Ebenso könnte es berufliche Konsequenzen haben, wenn eine Person in Internetforen von Selbsthilfegruppen, wie bspw. zur Therapie von Alkoholismus, vertreten war.[122]

5.3.2 User-Tracking und Cookies

Im Rahmen des User-Trackings sollen durch Erfassung und anschließende Auswertung von Nutzerdaten im optimalen Fall Voraussagen über das Anwenderverhalten getätigt werden können zwecks späterer Vorhaben im Bereich des Behavorial Targetings. Die technische Grundlage stellt bei Google ein Zusammenspiel aus Cookies und dem kostenlosen Tool Google Analytics dar. Die Cookie-Technologie erlaubt es Google, einen Besucher seiner Suchmaschine trotz variabler IP-Adresse eindeutig zu identifizieren und so mit fortlaufender Zeit die getätigten Suchanfragen einem Profil zuzuschreiben. Der Möglichkeiten von Google Analytics bedient man sich, um den Nutzer auch nach Verlassen der selbstbetriebenen Internetseiten weiter zu verfolgen.[123]

Google Analytics wird allen Kunden des Werbeverbundes von AdSense und AdWords kostenlos zur Nutzung angeboten. Während es dem einzelnen Anwender erlaubt, den Erfolg seiner geschalteten Werbekampagnen auszuloten und die Effektivität der Homepagearchitektur anhand von Auswertungen einzelner Seitenelemente gestattet, werden die hieraus hervorgegangen Informationen ebenfalls an Googles Server gesandt. Sollte ein Google Suchmaschinennutzer nach einem Produkt gesucht haben und ist über eine AdWords Anzeige zu einem Onlinehändler gestoßen, bei dem das Produkt anschließend erworben wurde, ist der gesamte Vorgang für Google ersichtlich, sofern der Händler Google Analytics-Anwender ist.

Die Reichweite des betriebenen User-Trackings wird dadurch verdeutlicht, dass 88 % aller Internetseiten und 92 der 100 weltweit meistbesuchten Internetseiten mit Überwachungssoftware Googles versehen sind.[124] Hierbei handelt es sich um in E-Mails oder auf Webseiten integrierte Objekte, die dem Aussteller erlauben, Rückschlüsse zu zie-

---

[122] Vgl. Reischl, G. (2008), S. 48 ff.
[123] Vgl. Röhle, T. (2010), S. 190 ff.
[124] Vgl. Krempl, S. (2009), http://www.heise.de/newsticker/meldung/Studie-Google-fuehrend-bei-Web-Bug-Nutzung-220651.html, Abruf am 9.02.2011.

hen, ob die entsprechenden Angebote von einem Nutzer betrachtet wurden oder nicht. Problematisch ist, dass ein Internetsurfer weder bei der Verwendung einer Suchmaschine noch während des Einkaufs bei einem Online-Händler darüber informiert wird, dass seine Daten aufgezeichnet werden. 99 % der Google Analytics-Betreiber verschweigen ihren Besuchern zudem die Anwendung des Programmes, obwohl dies in den Richtlinien von Google vorgesehen ist. Auf diese Weise sollen rechtliche Probleme im Zusammenhang mit Datenschutz auf die einzelnen Seitenbetreiber abgewälzt werden.[125]

5.3.3 Fehlende Datenschutzsensibilität

Die interbasierte Sammlung von Anwenderdaten wird durch die fehlende Datenschutzsensibilität der Bevölkerung noch verstärkt. Bereits im August 2006 wurde von Mitarbeitern des Internetproviders AOL ein Ausschnitt der eigenen Nutzerdatenbank von 657 000 zufällig ausgewählten Anwendern mit zwanzig Millionen anonymisierten Suchanfragen veröffentlicht. Man beabsichtigte die Gegner der Nutzerdatenspeicherung aus den Lagern der Datenschützer und Bürgerrechtsbewegungen ein für allemal zum Verstummen zu bringen, in denen diesen die Harmlosigkeit der Informationen aufgezeigt werden sollte, die aus solchen Angaben gewonnen werden können.[126]

Die PR-Aktion geriet zum Debakel, als Journalisten mit geringem Arbeitseinsatz nach einigen Tagen bereits erste Personen eindeutig identifizieren konnten und diese für medienwirksame Interviews aufgesucht wurden, wie der Fall der Rentnerin Thelma Arnold gezeigt hat.[127] Es muss betont werden, dass dies bereits mit den Datensätzen AOLs möglich war, einem Technologiekonzern, der im Vergleich zu Google nur über eine rudimentäre Expertise im Bereich des User-Trackings und der Nutzerdatensammlung verfügt. Beispiele wie diese konnten nicht verhindern, dass sich in der Gesellschaft eine Mentalität im Umgang mit dem Internet etablieren konnte, in dem das Thema Privatsphäre erst Beachtung findet, wenn diese bereits massiv verletzt wurde.

In einer Kombination aus Gruppenzwang und Herdenverhalten folgen speziell junge Internetnutzer im Alter von 12–25 Jahren jedem angesagten Trendangebot des „Web

---

[125] Vgl. Reppesgard, L. (2010), S. 165.
[126] Vgl. Kaumanns, R., Siegenheim, V. (2009), S. 144.
[127] Vgl. Barbaro, M. (2006), http://www.nytimes.com/2006/08/09/technology/09aol.html, Abruf am 9.02.2011.

2.0 Mitmachinternets". Das geringe Bewusstsein von Privatleuten in Bezug auf die Bedeutung ihrer persönlichen Daten in Verbindung mit der „Kostenlos-Mentalität" des
Internets ergibt eine gefährliche Kombination.[128] Fahrlässig geben Millionen von Jugendlichen und jungen Erwachsenen ihr ganzes Leben auf den Seiten sozialer Netzwer-
ke preis, sich dessen unbewusst, welche Folgen Bilder von durchzechten Nächten oder
Eskapaden jugendlichen Leichtsinns für eine spätere berufliche Karriere oder das Pri-
vatleben haben könnten und dies, obwohl sich bei populären Angeboten dieser Art wie
Facebook die Frage nach einer potenziellen Vermarktung der gesammelten Daten an
Dritte gar nicht mehr stellt, da entsprechende Vorgehensweisen offensiv gegenüber
Investoren als eigenes Geschäftsmodell angepriesen werden.

Dabei können verschiedene Gruppen von Internetnutzern unterschieden werden, zum
einen technisch nicht versierte Internetanwender, die sich über mögliche Folgen ihres
sorglosen Umgangs mit dem neuen Medium in keinster Weise bewusst sind, des Weiteren eine Gruppe, die das Konzept der Zahlung mittels persönlicher Daten bewusst hin-
nimmt, um eine Nutzung gegen Entgelt zu umgehen. Zuletzt die kleine Schaar an Anwendern, die versuchen eine Konzentration der Datensammlung durch eine Splittung
ihrer Aktivitäten auf verschiedene Anbieter zu verhindern und den Abfluss an Daten
durch Anonymisierungsprogramme zu minimieren.

Alle Gruppierungen haben gemeinsam, dass ein Grundtenor darin besteht, dass Inter-
netanwendungen kostenlos sein müssen. Das Internet als frei zugängliches Medium, das
unter anderen das Open Source Konzept beflügelte, hat zu einem Grundverständnis geführt, dass zahlungspflichtige Dienste bis auf wenige Ausnahmen nicht akzeptiert werden. Dieser Umstand macht es für internetbasierte Technologiefirmen schwer, von der
Einnahmequelle der Nutzerdatensammlung abzusehen, selbst wenn sie dies wollten.
Google hat den Vorteil, die gesammelten Informationen unmittelbar innerhalb des eigenen Konzerns durch sein Werbeformat höchst lukrativ verwerten zu können und daher
nicht als Veräußerer sensibler Inhalte an externe Dritte negativ aufzufallen.[129] Der Abfluss sensibler Daten in das Internet hat dabei Ausmaße angenommen, die zur Bildung
von Unternehmen wie Blancco oder Ruftlose.de geführt haben, deren einziger Zweck
das Aufspüren und Entfernen sensibler Daten darstellt.

---

[128] Vgl. Reischl, G. (2008), S. 28 ff.
[129] Vgl. Kaumanns, R., Siegenheim, V. (2009), S. 143.

5.4 Weitere Konkurrenten und Widersacher

Googles bedeutendster Konkurrent bleibt weiterhin Microsoft, da sich beide Unternehmen in einem Wettkampf um die grundlegende Philosophie der künftigen Nutzung von Computertechnologie befinden, der Frage nach offenen oder geschlossenen Systemen. Beiden Kontrahenten droht der Verlust ihrer Kernkompetenzen, da Googles Suchmaschinenstellung durch Microsofts Angebot Bing ebenso unter Druck gesetzt wird wie der zukünftige Absatz von Microsoft Betriebssystemen und Office-Produkten durch die Bestrebungen Googles auf dem Sektor des Cloud Computings. Eigentlich wäre auch Apple mit seinem geschlossenen Macintosh-Betriebssystem ein Widersacher von Googles Bestrebungen, verfügt jedoch über eine solide Basis an eingefleischten Anhängern, die dem trendbewussten Hardwarehersteller ungeachtet der Konsequenzen von Googles Bemühungen vermutlich die Treue halten werden.

Als mehr ergebnisoffen stellt sich die Situation auf dem Sektor der mobilen Kommunikation dar. Hier ist Apple Googles einflussreichster, aber nicht einziger Konkurrent. Die Führungsriege in Mountain View hat nicht nur damit zu kämpfen, den Vorsprung in der Angebotsvielfalt von Apples Appstore einzuholen, sondern muss sich auch eingestehen, dass die Vermarktung des Android Betriebssystems nicht exklusiv über Google erfolgen wird. So hat der weltweit größte Online-Händler Amazon verkündet, einen eigenen Onlinestore für Android-Anwendungen zu eröffnen und kann auf eine Erfolg versprechende Anzahl an Stammkunden und eine geeignete Bezahlstruktur verweisen.[130]

Neben den genannten Wettbewerbsfeldern sind noch der bisher fruchtlose Versuch der Etablierung eines eigenen internetgestützten Zahlungssystems in Konkurrenz zu Ebays Paypal oder Amazons Lösungen Checkout und Simple Pay zu nennen. Ebenso haben auch die früheren Start-Ups Twitter, Groupon und Facebook dank ihrer jüngsten Erfolge das Potenzial, Google eines beachtlichen Teils seiner Aufmerksamkeit in der Internetgemeinde und des damit verbundenen Traffics zu berauben. Zeitgleich müssen Pläne der Internetprovider hinsichtlich einer Aufhebung der Netzneutralität zur Steigerung der Einnahmen für die Bereitstellung der Internetinfrastruktur mit andauernden Lobbyismus-Bestrebungen Googles in Washington eingedämmt werden, während die Medienkonzerne sich durch Googles „Kostenlos-Mentalität" bedroht fühlen.

---

[130] Vgl. Klaß, C. (2010), http://www.golem.de/1010/78558.html, Abruf am 10.02.2011.

5.4.1 Konkurrenzsituation zu Ebay

Mit der zunehmenden wirtschaftlichen Bedeutung des Electronic Commerce und dem damit eng verbundenen raschen Wachstum im Markt des Mobile Commerce der letzten Jahre nimmt die Bedeutung der Online-Zahlungssysteme wie das des Branchenführers Ebay mit seinem Paypal-Dienst gleichsam zu. Google versuchte in den Jahren 2006–2007 ein eigenes Angebot namens Google Checkout einzuführen, das trotz des für Googles Verhältnisse üppigen Marketingaufgebotes nur einen maximalen Marktanteil von rund 4 % im Dezember 2006 erzielen konnte.[131] Eine breite Akzeptanz des Systems wäre für zukünftige Anstrengungen Googles, bereitgestellte Premium-Dienste oder Inhalte gegen Entgelt zu veräußern, wünschenswert gewesen. In der aktuellen Situation müsste hierfür auf einen Intermediär zurückgegriffen werden. Der brachliegende Dienst Google Checkout könnte durch den wachsenden Zuspruch des Android Betriebssystems eine Auferstehung feiern, da Kunden des Google eigenen Appstores für die Zahlung einen Account des hauseigenen Dienstes benötigen.

5.4.2 Soziale Netzwerke – Platzhirsch Facebook

Ähnlich den aufgezeigten Geschehnissen rund um Google Video und Youtube hat man auch im Falle sozialer Netzwerke in Googles Führungsetage einen neuen Trend verschlafen. Das eigene Angebot Google Orkut war bereits Anfang 2004 mit großen Ambitionen gestartet worden, um ein weltweites Netzwerk zur Suche neuer Bekanntschaften und Gleichgesinnter auf der Basis möglichst präziser Angaben zur eigenen Person zu bilden.[132] Es konnte mit dem Erfolg des im gleichen Zeitraum geschaffenen Facebooks von Martin Zuckerberg und dessen Ableger wie studiVZ oder dem seit 2003 am Markt befindlichen MySpace nicht in Ansätzen mithalten und hält nur in Indien und Südamerika nennenswerte Marktanteile.

Anders als im Bereich der Videoportale hat man bei den sozialen Netzwerken günstige Zeitpunkte zur Investition verpasst und beißt bei aktuellen Bemühungen, am Erfolg der Platzhirsche Facebook und MySpace durch Unternehmensbeteiligungen zu partizipieren, auf Granit. Keine der Branchengrößen wollte im Google Konzern als einer unter

---

[131] Vgl. Seeking Alpha (o.V.) (2007), http://seekingalpha.com/article/33390-google-checkout-struggles-to-compete-with-ebay-s-paypal, Abruf am 10.02.2011.
[132] Vgl. Alexander (2007), S. 210 ff.

vielen Diensten aufgehen und deren Einfluss im Bereich der Besuchermarktanteile nimmt für Google bedenkliche Ausmaße an. Ergebnisse des Online-Marktforschungsunternehmens Hitwise (Abbildung 10) verdeutlichen, dass Facebook bereits im März 2007 hinsichtlich des Besucheranteils am Gesamtaufkommen im Internet mit den Werten Googles gleichziehen konnte, da beide Unternehmen zu diesem Zeitpunkt jeweils das Ziel von ca. 7 % aller Internetbesuche waren. Ein Jahr zuvor im März 2006 hatte man sich auf Seiten Facebooks noch mit 2,5 % begnügen müssen und konnte somit innerhalb eines Jahres seinen Marktanteil nahezu verdreifachen.

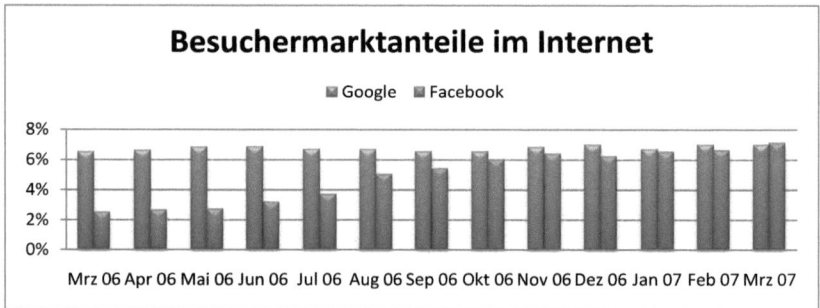

In Anlehnung an: Experian Hitwise Pty. Ltd. (2010), http://weblogs.hitwise.com/heather-dougherty/SM%20WMS%20Facebook%20Google%203-13-10.png, Abruf am 1.02.2011.
Abbildung 10: Googles und Facebooks Marktanteile bei Internetbesuchern

Die Gefahr für Google im Zusammenhang mit sozialen Netzwerken besteht dabei nicht nur darin, dass diese Googles Besucherzahlen schmälern könnten und damit den für Googles Werbewert wichtigen Traffic senken, sondern im Falle Facebooks ist das Geschäftsmodell der Internetsuche in Bedrängnis. Zuckerberg plant im Rahmen seines Netzwerkdienstes ein Gegenangebot zu Googles algorithmisch organisierter Internetsuche zu platzieren, indem die Mitglieder Facebooks interessante Internetangebote durch Empfehlungen untereinander austauschen sollen. Das Bedrohungspotenzial nimmt zusätzlich dadurch zu, dass Microsoft reges Interesse an einer Zusammenarbeit mit Facebook besitzt, der man dort nicht abgelehnt zu sein scheint. Für 240 Millionen US-Dollar wurde 2007 ein Unternehmensanteil von 1,6 % durch Microsoft erworben und im Rahmen dessen auch ein Verwertungsrecht für Facebooks Nutzerdatensammlung.[133]

---

[133] Vgl. Kaumanns, Siegenheim (2009), S. 376 ff.

5.4.3 Antwort auf Groupon und Twitter – Google Buzz

Zwei weitere Erfolgsgeschichten der letzten Jahre, Groupon, der Vermittler von auf den Nutzer lokal zugeschnittenen Gutschein- und Rabattangeboten, wie auch der innovative Mikroblogging-Dienst Twitter verweigern sich einer Übernahme durch den Internetriesen Google. [134] Hatte die Finanzpresse Google im November 2010 bereits eine Kaufbereitschaft in Bezug auf Groupon in Höhe von mehr als drei Milliarden US-Dollar nachgesagt, die bis auf knapp sechs Milliarden US-Dollar im Dezember 2010 anstiegen sei, soll man sich seit Februar 2011 ein Ringen mit Facebook um die Übernahme Twitters für angeblich mehr als zehn Milliarden US-Dollar liefern. [135]

Für beide Produktfelder besitzt man bis dato keine konkurrenzfähigen Angebote, was der Produktstrategie, sich als allumfassender Informationsanbieter zu positionieren, zuwiderläuft. Die beiden genannten Unternehmen sind Marktführer in ihrem Segment und verfügen über Besucherzahlen, deren Umfang durch die nachträgliche Einführung eigener Pendants wie dem Hoffnungsträger Google Buzz kurzfristig nicht nachgeahmt werden können. Google Buzz, eine Weiterentwicklung von Google Mail, schickt sich dabei an, die interbasierte Kommunikation erneut zu revolutionieren, indem es die Funktionalitäten von E-Mail, sozialen Netzwerk, Mikroblogging, Fotoalbum, Videoplattform und Newsreader kombiniert und in Echtzeit bereitstellt. [136]

Während eine solide Basis an E-Mail-Kunden mit Google Mail geschaffen werden konnte und man mit Youtube über den Branchenführer im Bereich der Videoportale verfügt, hätte man bei einer erfolgreichen Beteiligung an Facebook und der Übernahme von Twitter wie auch Groupon die Community des neuen multimedialen Informationsnetzwerkes mittels Millionen von Bestandskunden schlagartig in allen Facetten Leben einhauchen können. Aufgrund der Überlegenheit des Dienstes in seiner Anwendungsvielfalt sollte das Projekt auch im Alleingang die Internetnutzer langfristig zu einem Wechsel zu Google bewegen können. Zugleich sollte Google Buzz die Funktionalitäten des erfolglos gebliebenen Dienstes Google Wave implementieren, der infolge seiner komplexen Nutzeroberfläche nur wenige Anwender fand und eingestellt wurde.

---

[134] Vgl. Die Welt Online (o.V.) (2010), http://www.welt.de/wirtschaft/webwelt/article11308442/Google-bei-Schnaeppchen-Portal-offenbar-abgeblitzt.html, Abruf am 11.02.2011.
[135] Vgl. Stern Online (o.V.) (2011), http://www.stern.de/digital/online/milliarden-angebot-google-und-facebook-buhlen-um-twitter-1652629.html, Abruf am 17.02.2011.
[136] Vgl. Brandt, R. L. (2010), S. 193 f.

5.4.4 Abschaffung der Netzneutralität

Eine angespannte Wettbewerbssituation und daraus hervorgehende Preismodelle wie Flatrates oder kostengünstige Volumentarife haben die Gewinne der Telekommunikationsanbieter und Internetprovider im letzten Jahrzehnt dahinschmelzen lassen. Als Bereitsteller der Infrastruktur des Internets, dessen Kosten zur Aufrechterhaltung mit jedem Jahr steigen, fordert man seit Langem lautstark eine Abschaffung der Netzneutralität. Diese besagt, dass keine Datenpakete priorisiert behandelt werden dürfen und folglich jede Form von Internettraffic gleich behandelt werden muss.

Die Netzbetreiber fordern, dass durch eine Aufhebung die Inhaber von kapazitätshungrigen Diensten wie Googles Youtube oder Suchmaschinenangebote in einem höheren Umfang an den verursachten Übertragungskosten beteiligt werden. Befürworter der Netzneutralität betonen, dass ohne diese die technologischen Fortschritte im Bereich des Internets nicht in gleichem Maße hätten stattfinden können, da vor allem für Start-Ups eine höhere Belastung in der Anfangsfinanzierung entstehen würde. Zudem wäre Netzbetreibern für Manipulation Tür und Tor geöffnet, da es diesen möglich sei, eigene Angebote für populäre Internetdienste einzuführen und sie in Bezug auf Kapazitätsversorgung bevorzugen oder die Konkurrenz gar ganz blocken zu können.[137]

Für Google wäre die Aufhebung der Netzneutralität das sofortige finanzielle Aus. Der Internetkonzern hat nicht nur einen konkurrenzlos hohen Bedarf an Bandbreite für seine vielfältigen Internetangebote, sondern die IT-Struktur der Googleware ist darauf angewiesen, regelmäßig gewaltige Datenmengen zwischen den einzelnen Kontinenten zu verschieben. Um die drohende Gefahr für den Fortbestand des Unternehmens abzuwenden, hat man ein ganzes Paket an Abwehrmaßnahmen geschnürt. Zum einen macht man sich mit anderen Befürwortern der Netzneutralität im Bereich der Lobbyarbeit stark und versucht die Bürger durch gezielte Öffentlichkeitsarbeit für das Thema zu sensibilisieren.[138] Zum anderen ist man bemüht die kritische Wettbewerbsstellung der Netzbetreiber zu brechen. Dies geschieht sowohl über die Anschaffung eigener Netzkapazitäten wie auch durch finanzielle Unterstützung alternativer Netzzugangsformen.

---

[137] Vgl. Biermann, K. (2010), http://www.zeit.de/digital/internet/2010-12/fcc-netzneutralitaet-internet, Abruf am 17.02.2011.
[138] Vgl. Kaumanns, Siegenheim (2009), S. 259 ff.

Im Rahmen des Unity-Projekts hat Google brachliegende Glasfaserkabel im Atlantik und Pazifischen Ozean aufgekauft, deren Verwendung durch die Dotcom-Krise und deren Nachwehen für die Auftraggeber unattraktiv wurde. Diese dienen bereits dem Datentraffic zwischen den unternehmenseigenen Rechenzentren. Des Weiteren experimentiert man in den USA aufseiten von Google bereits mit der flächendeckenden Einführung eigener landgestützter Glasfasernetze für Endkunden.[139] Im Hinblick auf alternative Netzzugangsformen unterstützt man die Bestrebungen von Energieversorgern, ihre Stromnetze auch für die Internetverwendung auszubauen und hat Projekte zur Einführung von WLAN-Netzen in Metropolregionen wiederbelebt. Googles Zukunftsstrategie in diesem Bereich sieht vor die klassischen Telekommunikationsgiganten zu entmachten und zu reinen Kapazitätsbereitstellern unter vielen Ausweichvarianten zu degradieren, während eine Kundenbindung von den Internetprovidern weg in Richtung Google erfolgt.

5.4.5 Medienkonzerne

Abschließend sind als weitere Widersacher von Googles Bemühungen als internetbasierter Informationsvermittler die Unternehmen der Medienindustrie zu nennen. Nach der Abnahme des Printmedienkonsums zugunsten des Internets und des damit verbundenen Zeitungssterbens in den Industrieländern, nicht zuletzt gefördert durch Produkte wie Google News, fürchten auch die Musik-, Film- und Fernsehbranche eine Konsolidierung ihrer Märkte durch die Rolle Googles als kostenlosen Bereitsteller von Inhalten jeglicher Art. Das Videoportal Youtube wird seit seiner Einführung zur widerrechtlichen Verbreitung von Musikstücken bzw. Musikvideos wie auch Fernsehsendungen und Spielfilmen verwandt. Die Medienkonzerne versuchen durch Schadensersatzklagen in Milliardenhöhe, wie beim öffentlichkeitswirksamen Rechtsstreit mit dem Unternehmen Viacom, Druck auf Google auszuüben. Die Führung in Mountain View verschanzt sich hinter dem Millenium Copyright Act von 1998, demnach Google allen begründeten Forderungen zur nachträglichen Entfernung von Videoclips nachkommt, aber keine Möglichkeit habe, Rechtsverstöße im Voraus zu unterbinden.[140]

---

[139] Vgl. Google Inc. (2011f),
http://www.google.com/intl/en/press/pressrel/20080225_newcablesystem.html, Abruf am 17.02.2011.
[140] Vgl. Spiegel Online (o.V.) (2010), http://www.spiegel.de/netzwelt/web/0,1518,702530,00.html, Abruf am 20.02.2011.

6 Schlussbetrachtung

Lawrence Page und Sergey Brin haben es geschafft, einen neuen Stern am IT-Firmament aufgehen zu lassen, der heller strahlt als jemals zuvor. In weniger als einem Jahrzehnt seit der Gründung 1998 war der Konzern bereits das einflussreichste Unternehmen im Internet und befindet sich im anhaltenden Wachstum. Derweil haben ehemalige Branchengrößen wie Yahoo mit überalterten Geschäftsmodellen zu kämpfen und Microsoft konnte bisher noch keine Antwort auf seinen neuen Widersacher Google finden. Das primäre Betätigungsfeld der Internetsuche, verknüpft mit kontextbasierter Werbung, ist weder kurz- noch mittelfristig in Gefahr, da Microsofts Bing als einziger Wettbewerber mit ausreichenden finanziellen Mitteln und Know-how im Suchdienst mit weniger als 5 % Weltmarktanteil die gesetzten Erwartungen in das langwierig entwickelte Produkt nicht einmal ansatzweise erfüllen konnte. Die stabile finanzielle Ausgangslage, gepaart mit Googles erfolgsverwöhnter Historie, hat die Geschäftsführung mit ausreichend Selbstvertrauen ausgestattet, gleichzeitig in Wettbewerb zu allen bedeutenden Technologieunternehmen zu treten.

Die aggressive Vorgehensweise löst insbesondere in technologisch unterentwickelten Branchen Existenzängste aus und hat Google Chancen zur Kooperation verbaut. Viele Erfolg versprechende Start-Ups wie die gezeigten Beispiele von Facebook, Twitter und Groupon wollen den Monopolisten für Suchanfragen und Meinungsmacher des Internets durch Vereinnahmung ihres Unternehmens nicht noch größer werden lassen. Der Vorstoß auf den Mobilfunkmarkt mit dem Android Betriebssystem hat in kurzer Zeit große Erfolge gebracht und der anhaltende Ausbau von Internetkapazitäten und Bandbreiten macht Googles Cloud Computing für Privatanwender zunehmend attraktiver.

Dennoch muss die Frage gestellt werden, ob Google sich im Ansatz befindet, sich aufgrund seiner breit gefächerten Investitionsfelder zu übernehmen oder vielleicht schon übernommen hat. Der Konzern droht durch umfangreiche Kapitalanlagen in branchenfremde Tätigkeitsfelder wie der Biotechnologie, regenerativer Energieformen oder Förderung alternativer Internetzugangsformen seine Kernkompetenzen als Anbieter von internetbasierten Diensten aus den Augen zu verlieren. So war man von Beginn an bei neuen Trends wie den Videoportalen, Mikroblogging oder sozialen Netzwerken mit eigenen Angeboten vertreten, die gegenüber der Konkurrenz aufgrund mangelnden personellen und finanziellen Einsatzes sang- und klanglos untergingen. In letzter Konsequenz ist man auf diesen Feldern bisher nicht nennenswert vertreten oder musste – wie am Beispiel von Youtube gezeigt – die nachträgliche Gewinnung von Einfluss durch kostenintensive Übernahmen absichern. Dies sind Versäumnisse, die einem Unternehmen, das sich als Marktführer im Bereich des Data Minings rühmen kann und über beispiellose Mengen an Datenmaterial verfügt, nicht hätten unterlaufen dürfen.

Facebook dürfte in den kommenden Jahren für Google zu einem ähnlich großen Widersacher werden wie Microsoft, insofern diese künftig nicht sogar gemeinsam gegen Google vorgehen werden. Der Markt für soziale Netzwerke enthält eine momentan einzigartige Dynamik und die nächsten Jahre werden zeigen, ob Zuckerberg sein Unternehmen langfristig profitabel aufstellen kann. Die größte Gefahr geht für Google aber weniger vonseiten der Wettbewerber aus, sondern eher vom eigenen Unternehmen. Das Wachstum vergangener Jahre hat zur Bildung eines bürokratischen Wasserkopfes im ehemals unkonventionell und ungezwungen geleiteten Unternehmen geführt. Einige der momentan aufstrebenden und von Google begehrten Start-Ups beschäftigen frühere Spitzenkräfte von Google, die ihrem ehemaligen Arbeitgeber enttäuscht über die Wandlung den Rücken gekehrt haben.

Auch wenn das Image Googles bisher unbeschadet blieb und der Marktwert stetig neue Höhen erreicht, droht auch hier eine Zeitbombe in Form des angelegten Nutzerdatenbestandes. Sollte es Google zukünftig nicht gelingen, die Googleware weiterhin gegen Angriffe von außen wie auch von innen in Form eventuell korrumpierter Mitarbeiter zu schützen, droht das ohnehin sich auf Spannung befindliche Vertrauensnetz zur Öffentlichkeit zu reißen und Googles Nutzerzahlen in die Tiefe zu ziehen. Die Gründer haben den Ernst der Lage erkannt und Lawrence Page hat Eric Schmidt am 4. April 2011 wieder als CEO von Google abgelöst, um an das Image vergangener Tage anzuknüpfen. Man darf anhand von Pages Aussage erahnen, wohin die Reise Googles zukünftig gehen wird: „Meine Eltern brachten mir bei, dass viele der größten Wissenschaftler aller Zeiten erfolgreich waren, weil sie die vorherrschende Meinung ignorierten und ihren eigenen Instinkten folgen. Die Leute, die mit herrschenden Ansichten brechen, verursachen anderen Unbehagen, aber sie sind es, die die Welt verändern."[141]

---

[141] Brandt, R. L. (2010), S. 189.

Literaturverzeichnis

Buchquellen

Alexander, T. (2007): Guck bei Google! – Das Google-Lexikon, Rhombos Verlag, Berlin 2007

Battelle, J. (2006): Die Suche – Geschäftsleben und Kultur im Banne von Google & Co., Börsenmedien AG, Kulmbach 2006

Brandt, R. L. (2010): Googles kleines Weißbuch – Die Managementstrategien der wertvollsten Marke der Welt, FinanzBuch Verlag GmbH, München 2010

Erlhofer, S. (2008): Suchmaschinen-Optimierung – Das umfassende Handbuch, 4. Auflage, Galileo Press, Bonn 2008

Greifeneder, H. (2010): Erfolgreiches Suchmaschinen-Marketing – Wie sie bei Google, Yahoo, MSN & Co. ganz nach oben kommen, 2. Auflage, Gabler Verlag, Wiesbaden 2010

Kaumanns, R., Siegenheim, V. (2007): Die Google-Ökonomie – Wie Google die Wirtschaft verändert, Books on Demand GmbH, Norderstedt 2007

Kaumanns, R., Siegenheim, V. (2009): Die Google-Ökonomie – Wie der Gigant das Internet beherrschen will, Books on Demand GmbH, Norderstedt 2009

Lowe, J. (2010): Hier spricht Google – Weisheiten von den erfolgreichsten Selfmade-Milliardären der Welt, Börsenmedien AG, Kulmbach 2010

Reischl, G. (2008): Reischl, Gerald: Die Google Falle – Die unkontrollierte Weltmacht im Internet, Verlag Carl Ueberreuter, Wien 2008

Reppesgard, L. (2010): Reppesgard, Lars: Das Google-Imperium, 2. Auflage, Murmann Verlag GmbH, Hamburg 2010

Röhle, T. (2010): Der Google Komplex – Über Macht im Zeitalter des Internets, transcript Verlag, Bielefeld 2010

Smith, J. (2010): Das Google Kompendium – Alles, was sie über Google wissen müssen, Midas Computer Verlag AG, Zürich 2010

Vise, D. A. (2006): Die Google-Story, Murmann Verlag GmbH, Hamburg 2006

Internetquellen

Aldenrath, P. (2010): Tagesschau.de – Google beendet Selbstzensur in China. URL: http://www.tagesschau.de/ausland/google234.html, Abruf am 8.02.2011.

Amazon Inc. (2011): Amazon Inc.: Amazon Web Services – Amazon EC2 Funktionsweise. URL: http://aws.amazon.com/de/ec2/, Abruf am 10.02.2011.

Barbaro, M. (2006): The New York Times – A Face is Exposed for AOL Searcher No.4417749. URL: http://www.nytimes.com/2006/08/09/technology/09aol.html, Abruf am 9.02.2011.

Biermann, K. (2010): Zeit Online – Netzneutralität – Geht halt sterben. URL: http://www.zeit.de/digital/internet/2010-12/fcc-netzneutralitaet-internet, Abruf am 17.02.2011.

Boston Consulting Group (2010): Report – The Internet's New Billion. URL: http://www.bcg.com/documents/file58645.pdf, Abruf am 6.02.2011.

Capital Online (o.V.) (2008): Microsoft bietet für Yahoo-Suchgeschäft. URL: http://www.capital.de/unternehmen/100017396.html, Abruf am 10.02.2011.

Deutsche Telekom AG (2006): Informationsgesellschaft 2015. URL: http://www.studie-deutschland-online.de/do3/7200.html, Abruf am 6.02.2011.

Die Welt Online (o.V.) (2010): Google bei Schnäppchen-Portal offenbar abgeblitzt. URL: http://www.welt.de/wirtschaft/webwelt/article11308442/Google-bei-Schnaeppchen-Portal-offenbar-abgeblitzt.html, Abruf am 11.02.2011.

Dirscherl, H.-C. (2008): PC-Welt Online – Google verkürzt Speicherzeit von IP-Adressen. URL: http://www.pcwelt.de/news/Datenschutz-Google-verkuerzt-Speicherzeit-von-IP-Adressen-252447.html, Abruf am 8.02.2011.

EU-Kommission (2010): Tasks of the Article 29 Data Protection Working Party. URL: http://ec.europa.eu/justice/policies/privacy/docs/wpdocs/tasks-art-29_en.pdf, Abruf am 3.02.2011.

Experian Hitwise Pty. Ltd. (2010): Weekly Market Share of Visits in all Categories to Facebook.com & Google.com. URL: http://weblogs.hitwise.com/heather-dougherty/SM%20WMS%20Facebook%20Google%203-13-10.png, Abruf am 1.02.2011.

Fittkau & Maaß Consulting (2009): Mobiles Internet nicht attraktiv genug?. URL: http://www.izmf.de/download/Studien/Studie_Handynutzung.pdf, Abruf am 6.02.2011.

Google Inc. (2011a) : 2010 Financial Tables – Google's Income Statement Information. URL: http://investor.google.com/financial/tables.html, Abruf am 1.02.2011.

Google Inc. (2011b): Google Finance – Company Summary Google Inc.. URL: http://www.google.com/finance?q=google, Abruf am 6.02.2011.

Google Inc. (2011c): Unternehmensbezogene Informationen – Geschäftsübersicht: Unternehmensprofil. URL: http://www.google.de/intl/de/corporate/business.html, Abruf am 6.02.2011.

Google Inc. (2011d): Unternehmensbezogene Informationen – Unsere Philosophie: Zehn Dinge. URL: http://www.google.de/intl/de/corporate/tenthings.html, Abruf am 6.02.2011.

Google Inc. (2011e): Google Apps for Business – Top ten advantages of Google's cloud. URL: http://www.google.com/apps/intl/en/business/cloud.html, Abruf am 9.02.2011.

Google Inc. (2011f): Press Center – Global Consortium to Construct New Cable System Linking US and Japan to Meet Increasing Bandwidth Demands. URL: http://www.google.com/intl/en/press/pressrel/20080225_newcablesystem.html, Abruf am 17.02.2011.

Greenlight Marketing Ltd. (2010): Search engine market shares around the world – Q4 2010. URL: http://www.greenlightsearch.com/assets/images/market-share-large.png, Abruf am 2.02.2011.

Hackmann, J. (2010): Computerwoche Online – Cloud Computing: User Misstrauen Google und Amazon. URL: http://www.computerwoche.de/management/cloud-computing/1938019/index3.html, Abruf am 8.02.2011.

Hage, S. (2007): Manager Magazin – Arbeitgeber Google: Die Suchmaschinen-Karriere. URL: http://www.manager-magazin.de/unternehmen/it/0,2828,471477-2,00.html, Abruf am 6.02.2011.

Handelsblatt (o.V.) (2007): Google kauft sich in den Markt für In-Game-Werbung ein. URL: http://www.handelsblatt.com/unternehmen/management/strategie/google-kauft-sich-in-den-markt-fuer-in-game-werbung-ein/2785008.html, Abruf am 17.02.2011.

Helft, M. (2009): The New York Times – Google Ends Sale of Ads in Papers. URL: http://www.nytimes.com/2009/01/21/technology/internet/21google.html?_r=2, Abruf 17.02.2011.

Ihlenfeld, J. (2007): Golem.de – Google kauft DoubleClick für 3,1 Milliarden US-Dollar. URL: http://www.golem.de/0704/51672.html, Abruf am 6.02.2011.

Klaß, C. (2010): Golem.de – Amazon plant einen eigenen App Store. URL: http://www.golem.de/1010/78558.html, Abruf am 10.02.2011.

Krempl, S. (2009): Heise Online – Google führend bei Web-Bug-Nutzung. URL: http://www.heise.de/newsticker/meldung/Studie-Google-fuehrend-bei-Web-Bug-Nutzung-220651.html, Abruf am 9.02.2011.

Lohre, M. (2008): taz.de – Bedenken wegen Datenschutz: Patientendaten bald auch online. URL: http://www.taz.de/1/netz/artikel/1/patientendaten-bald-auch-online/, Abruf am 4.02.2011.

Matthes, S. (2010): Wirtschaftswoche Online – Microsoft vs. Google: Der Tanz mit dem Teufel. URL: http://www.wiwo.de/technik-wissen/microsoft-vs-google-der-tanz-mit-dem-teufel-428293/, Abruf am 6.02.011.

Millward Brown Consulting (2010): Most valuable global brands 2010. URL: http://c1547732.cdn.cloudfiles.rackspacecloud.com/BrandZ_Top100_2010.pdf, Abruf am 6.02.2011.

Millward Brown Consulting (2011): BrandZ Top 100 Global Brands – Previous Reports. URL: http://www.brandz.com/output/PreviousReports.aspx, Abruf am 4.02.2011.

Miniwatts Marketing Group (2010): Internet Usage Statistics – The Internet Big Picture. URL: http://www.internetworldstats.com/stats.htm, Abruf am 6.02.2011.

O3B Networks Ltd. (2010): About us – O3b is building next-generation network that combines the reach of satellite with the speed of fiber. URL: http://www.o3bnetworks.com/AboutUs/about_us.html, Abruf am 6.02.2011.

Protalinski, E. (2011): Techspot – Google, RIM and Nokia beat Apple's App Store growth. URL: http://www.techspot.com/news/41914-google-rim-and-nokia-beat-apples-app-store-growth.html, Abruf am 6.02.2011.

Saint, N., Angelova, K. (2010): Yahoo Still The King Of Email, But Losing Ground To Gmail. URL: http://www.businessinsider.com/chart-of-the-day-us-unique-visitors-to-email-accounts-2010-5, Abruf am 6.02.2011.

Seeking Alpha (o.V.) (2007): Google Checkout Struggles to Compete with eBay's Paypal. URL: http://seekingalpha.com/article/33390-google-checkout-struggles-to-compete-with-ebay-s-paypal, Abruf am 10.02.2011.

Spiegel Online (o.V.) (2010): Youtube gewinnt Urheberrechts-Prozess erstmal. URL: http://www.spiegel.de/netzwelt/web/0,1518,702530,00.html, Abruf am 20.02.2011.

Stern Online (o.V.) (2011): Google und Facebook buhlen um Twitter. URL: http://www.stern.de/digital/online/milliarden-angebot-google-und-facebook-buhlen-um-twitter-1652629.html, Abruf am 17.02.2011.

Stöcker, C. (2009): Spiegel Online – Google Wave etc.: Das Netz hängt seine Nutzer ab. URL: http://www.spiegel.de/netzwelt/web/0,1518,653372,00.html, Abruf am 21.02.2011.

The Nielsen Company (2011): Mobile Operating System Share US 2009-2010. URL: http://blog.nielsen.com/nielsenwire/wp-content/uploads/2011/01/smartphone-OS-share1.png, Abruf am 6.02.2011.